LES ORPHELINS DE LA PLANÈTE

ALAIN GRANDJEAN
CLAUDE HENRY
JEAN JOUZEL

LES ORPHELINS DE LA PLANÈTE

BERNARD GRASSET
PARIS

Illustration de couverture : © Gettyimages.

ISBN 978-2-246-83884-5

INTRODUCTION

Pronostic vital engagé : pour un médecin, cela signifie que l'état d'un patient est extrêmement préoccupant, que sa vie est en jeu mais qu'il est encore possible de le tirer d'affaire.

Du fait de la dégradation généralisée des conditions de vie sur Terre, le pronostic vital de notre Planète est effectivement engagé : elle est en danger extrême mais il est encore possible d'éviter une issue fatale. Nous en avons les moyens, humains, techniques et organisationnels. Pour cela, il faut aussi une conversion des esprits et un changement radical des structures sociales et économiques. Ce chemin-là, il nous reste à le prendre.

Pour mesurer la nature et l'ampleur des dangers et comment y faire face, l'humanité a fourni un effort collectif d'investigation scientifique sans égal au cours de son histoire. Les résultats obtenus sont aujourd'hui indiscutables. Qu'ils soient encore contestés, haineusement et vicieusement, ne tient pas à des données ou des fondements insuffisants ou incertains, mais aux intérêts particuliers des contestataires et à leurs engagements idéologiques.

Pour passer de l'état actuel de la société et de l'économie – un état générateur des atteintes et menaces à la vie sur Terre – à un état qui soit compatible avec un renouveau des conditions de la vie, une transition en profondeur est indispensable. Or les instruments techniques et organisationnels de cette transition ont été, dans une large mesure, déjà mis au point et sont même disponibles. Ils sont le fruit d'efforts collectifs eux aussi sans précédent : sources d'énergie qui ne perturbent pas les équilibres de la Planète ; matériaux et techniques de construction, de rénovation et de gestion d'infrastructures qui favorisent les économies d'énergie ; circularité de l'intégration des ressources naturelles dans les processus de production industrielle. Pour pouvoir continuer à boire et à manger, malgré des conditions déjà sérieusement dégradées, des méthodes radicales ont été mises en œuvre pour l'utilisation et l'entretien de l'eau douce et du sol fertile.

Dans l'attente d'une mobilisation de l'humanité qui permettrait de tirer parti de ces avancées, les manifestations d'une grave dégradation se multiplient : longues et impitoyables périodes de sécheresse et canicule ; pluies intenses et soutenues à l'origine d'inondations où l'eau, devenue ennemie, dévaste tout sur le passage de flots boueux. Très dommageables dans les pays riches, ces événements extrêmes ont souvent des effets totalement dévastateurs pour l'ordre politique et social et pour l'activité économique des pays en développement qui ont le plus grand mal à s'en relever.

D'autres manifestations, encore relativement peu ressenties aujourd'hui, sont alarmantes à terme. Elles affectent en particulier les océans : montée du niveau de la mer, affaiblissement de grands courants marins essentiels pour tempérer les conditions météorologiques dans certaines régions du globe. La fiabilité des moussons indienne et africaine est aussi bousculée.

Quand vous avez de très bons amis qui ont part à votre bonheur et à votre confort, vous ne vous acharnez pas contre eux. C'est moralement répugnant, et vous pourriez le payer très cher. Forêts dévastées par la scie et par le feu, océans surchauffés et acidifiés par le changement climatique au point de ne plus pouvoir contribuer à le maîtriser ; espèces vivantes anéanties dans des proportions et à un rythme inédits depuis les grandes extinctions préhistoriques.

Les prédateurs sont bien connus : sociétés d'exploitation de combustibles fossiles, entreprises de la chimie, particulièrement de l'agrochimie, compagnies forestières et minières. Le plus souvent soutenus par les pouvoirs publics, ces prédateurs mettent en œuvre une écrasante panoplie de moyens pour marginaliser les résistants, à savoir les jeunes (victimes de premier rang), les citoyens et citoyennes qui ne se résignent pas, les scientifiques et juristes en général bien informés, les Églises (sauf exceptions), les minorités politiques et ethniques. Dès lors, une question fondamentale se pose : *ce déséquilibre sera-t-il corrigé à temps pour éviter une issue fatale ?*

Et les pays en développement parviendront-ils à renverser un nouvel ordre colonial fondé sur le pillage des ressources naturelles et les dégradations de la Planète (dont ils sont victimes hors de toute proportion), avant que leur effondrement n'anticipe celui de tous ?

Aussi longtemps qu'il y aura de la vie, il faudra l'entretenir. Manger ce que peut produire l'agroécologie, en amenant aux plantes l'eau goutte à goutte pour l'économiser autant que faire se peut ; protéger de la pollution l'eau douce dont nous ne pouvons nous passer, et là où c'est vraiment impossible, traiter les eaux usagées avec les techniques les plus efficaces. Enfin, inventer et mobiliser les compétences médicales pour faire face aux nouveaux défis sanitaires.

Nous vivons en grande majorité dans les villes. Ces villes sont particulièrement sensibles aux désordres climatiques et n'ont pas été conçues ni même gérées pour en minimiser les conséquences. Certaines exceptions montrent cependant une voie salutaire : Barcelone, Rotterdam, Hambourg, Copenhague et quelques villes nouvelles d'Amérique latine.

Quoi qu'il advienne, il faudra mettre en œuvre les leçons qu'elles nous donnent.

CHAPITRE 1

Un effort scientifique sans égal

La communauté scientifique a vu juste

Nous vivons ce que les scientifiques annoncent depuis une cinquantaine d'années. Qu'il s'agisse du rythme de réchauffement de notre climat (de l'ordre de deux dixièmes de degré par décennie), de l'élévation du niveau de la mer qui a quasiment doublé par rapport à la seconde partie du XXe siècle, ou de l'évolution des événements extrêmes : canicules, sécheresses et pluies torrentielles deviennent plus intenses et plus fréquentes. Tout a été prévu dans les rapports successifs du Groupe intergouvernemental d'experts sur l'évolution du climat, le GIEC[1].

Pourtant, début 2023, le président de la République s'interrogeait dans ses vœux à la nation : « Qui aurait pu prédire […] la crise climatique aux effets

1. Ce chapitre et les chapitres 3 et 10 s'appuient largement sur les rapports successifs du GIEC accessibles sur le site www.ipcc.ch

spectaculaires encore cet été dans notre pays ? » Nous, les scientifiques. Nous l'avons prédit. Emmanuel Macron ne peut d'ailleurs l'ignorer puisque dans son livre *Révolution* publié en 2016, il cite l'un des auteurs du présent ouvrage impliqué dans la rédaction des rapports du GIEC : « Les meilleurs experts pourtant, comme Jean Jouzel, sont clairs et jamais démentis. »

Arguments à l'appui, les climatologues l'affirment sans équivoque : ce réchauffement résulte de l'augmentation de l'effet de serre liée à nos activités. Très probablement son intégralité. Et il va se poursuivre dangereusement à mesure que l'effet de serre atteindra des valeurs élevées. Jusqu'à devenir une menace pour notre humanité et la santé de notre Planète.

Tout juste peut-on leur reprocher d'avoir sous-évalué l'intensité de certains événements extrêmes, très rares, ou de n'avoir que trop récemment évoqué la possibilité de points de bascule et les risques qui y seraient associés. Avec un réchauffement planétaire de +1,45 °C par rapport à la période préindustrielle, l'année 2023 a pulvérisé le record précédent de +0,2 °C, et avec une valeur de +1,6 °C celui-ci a été, de nouveau, nettement dépassé en 2024[1]. Si le phénomène El Niño[2] à partir de juin 2023 a

1. Copernicus, « Global Climate Highlights 2024 ».
2. El Niño, phénomène océanique, se caractérise par le réchauffement d'un immense réservoir d'eau superficielle qui s'étend du Pacifique central jusqu'aux côtes du Pérou et de l'Équateur.

contribué à ce nouveau record l'année suivante, il n'en est pas la seule cause.

Hormis le risque encore non avéré d'un réchauffement plus rapide que prévu, notre communauté scientifique ne s'est pas trompée : ses prédictions des cinq dernières décennies coïncident avec ce que nous vivons aujourd'hui. Dès la fin du XIXe siècle, le Suédois Svante Arrhenius attire l'attention sur le réchauffement lié à l'utilisation du charbon et aux rejets de dioxyde de carbone. Le CO_2, aussi connu sous le nom de gaz carbonique, est déjà identifié comme un gaz à effet de serre (GES). Cette notion « d'effet de serre » a été introduite en 1824 par le Français Joseph Fourier, qui parle alors de chaleur lumineuse reçue du soleil par la surface de la Terre, et de chaleur obscure réfléchie par la Terre. Comme elle retraverse plus difficilement l'atmosphère, elle contribue au « chauffage » de la Planète. En 1896, Arrhenius évalue le réchauffement de la surface terrestre lié au doublement de la quantité de CO_2 dans l'atmosphère à environ 5 °C. Et même s'il se trompe concernant l'échelle de temps, puisqu'il envisage ce doublement dans 3 000 ans, il a été le premier à modéliser le réchauffement lié à nos activités. La montée rapide de la concentration atmosphérique en CO_2 est confirmée par Charles Keeling grâce aux mesures initiées en 1958 dans une station située près du sommet du Mauna Loa, un volcan de la grande île d'Hawaii. Le suivi d'autres composés à effet de serre, méthane, CH_4, et protoxyde d'azote, N_2O – dont les concentrations dans l'atmosphère sont également influencées par nos activités –, est mis en œuvre dans les décennies suivantes. Par rapport à la période préindustrielle, ces concentrations ont aujourd'hui augmenté de 50 % pour le CO_2, 170 % pour le CH_4 et 25 % pour le N_2O[1]. Les émissions qui en sont à l'origine sont, pour chacun de ces composés, bien identifiées à l'échelle planétaire mais également par pays et par secteur d'activité.

Années 1970 : les modélisateurs du climat donnent l'alerte

L'avènement des premiers calculateurs permet alors d'évaluer l'influence des activités humaines sur le climat grâce au développement de modèles « climatiques ». Y sont décrits les mouvements de l'atmosphère, le cycle de l'eau – depuis l'évaporation à la surface de l'océan jusqu'à la formation des précipitations – et les échanges d'énergie. Les premières applications sont alors du domaine de la météorologie, dont on ne peut suivre l'évolution individuelle que sur quelques jours. Les premières simulations climatiques réalisées dans les années 1970 portent

1. WMO, « State of the Global Climate 2024 » [vidéo en ligne], 2025.

sur le réchauffement associé à un doublement de la teneur en CO_2. Celui-ci est significativement plus élevé que celui, proche de +1,2 °C, attendu en l'absence de rétroactions dans le système climatique. Cela tient à l'existence de mécanismes d'amplification : le réchauffement de l'océan entraîne une augmentation de l'évaporation qui croît en fonction de la température. Il en résulte une augmentation de la quantité de vapeur d'eau atmosphérique, elle-même gaz à effet de serre, et donc une amplification du réchauffement. La diminution de la glace de mer et des surfaces enneigées du fait du réchauffement constitue un second facteur d'amplification : des surfaces qui réfléchissent très fortement le rayonnement solaire sont alors remplacées par des surfaces océaniques et continentales beaucoup plus absorbantes.

Le rapport de l'Académie nationale des sciences américaine, rédigé en 1979 sous la direction de Jule Charney, fait état de réchauffements de +1,5 à +4,5 °C en réponse à un doublement des quantités de CO_2 dans l'atmosphère, avec une valeur la plus probable de +3 °C[1]. Y seraient associées des conséquences importantes aux échelles régionales. À l'époque, ce doublement est envisagé pour le milieu du XXIe siècle. L'alerte est donnée.

---

1. National Academy of Sciences, « Carbon Dioxide and Climate : A Scientific Assessment », 1979.

Années 1980 : la création du GIEC

Face à l'ampleur du problème, une large partie de la communauté scientifique se mobilise, notamment à l'initiative du Suédois Bert Bolin. Rapports et réunions se multiplient avec une série de trois rencontres qui se tiennent à Villach en Autriche en 1980, 1983 et 1985. Cette dernière marque un tournant : elle conclut qu'en raison de l'accroissement des concentrations des gaz à effet de serre, l'augmentation de la température moyenne au cours de la première moitié du XXIe siècle sera la plus importante jamais connue par l'homme.

Aux États-Unis, alors premier émetteur de gaz à effet de serre, le débat est très animé. Dans son ouvrage *Perdre la Terre*, Nathaniel Rich décrit l'effervescence qui a suivi la publication du rapport Charney. Il nous plonge dans un monde où les lobbyistes, en particulier ceux d'Exxon, sont parties prenantes du débat aux côtés des scientifiques et des décideurs politiques : ils s'opposent farouchement aux travaux des scientifiques pendant que le gouvernement de Ronald Reagan freine les politiques climatiques.

Mais les preuves s'accumulent et les chimistes de l'atmosphère contribuent indirectement au dossier, en démontrant que le trou de la couche d'ozone, considéré comme nocif pour la santé humaine, est lié aux émissions de chlorofluorocarbures. Ils contribuent également à l'élaboration de la convention de Vienne sur la protection de la couche d'ozone en 1985. En 1987, celle-ci se concrétise par le protocole de Montréal. Dans la foulée, l'idée d'un accord international sur le climat est lancée.

Cette même année, les résultats obtenus dans le cadre d'une collaboration entre équipes françaises et soviétiques renforcent cette prise de conscience[1]. L'analyse de la glace forée sur plus de deux kilomètres à la station soviétique puis russe, de Vostok, au cœur de l'Antarctique, et des bulles d'air qui y sont piégées, illustre de façon très visuelle le lien entre climat et effet de serre : plus il fait froid moins il y a de CO_2 dans l'air et inversement, et cela s'applique à l'ensemble du dernier cycle glaciaire-interglaciaire, soit les cent soixante mille dernières années. Elle apporte en outre un témoignage essentiel : les concentrations en CO_2 observées dans l'atmosphère dans les années 1980 sont nettement supérieures aux valeurs maximales qui ont prévalu au cours de ce dernier cycle, ce qui confirme que cette augmentation est bien liée aux émissions d'origine anthropique.

---

1. Jean Jouzel *et al.*, « Vostok ice core: a continuous isotope temperature record over the last climatic cycle (160,000 years) », *Nature*, 1987 ; Jean-Marc Barnola *et al.*, « Vostok ice core provides 160,000-year record of atmospheric CO_2 », *Nature*, 1987 ; Christophe Genthon *et al.*, « Vostok ice core: climatic response to CO_2 and orbital forcing changes over the last climatic cycle », *Nature*, 1987.

En juin 1988, année de canicule, le climatologue de la NASA James Hansen est auditionné par le Sénat américain. Il affirme qu'à plus de quatre-vingt-dix-neuf chances sur cent le réchauffement observé est d'origine anthropique et clame l'urgence de prendre des mesures. Son témoignage est largement relayé dans la presse. Le Congrès commence à légiférer sur le changement climatique et l'énergie, notamment via le Global Warming Prevention Act de 1988. Margaret Thatcher s'empare elle aussi du sujet, car elle estime que le réchauffement climatique risque d'excéder nos capacités d'adaptation, et d'affecter la santé de l'environnement comme celle de l'économie.

Les scientifiques ont définitivement convaincu les décideurs politiques de la nécessité d'établir un diagnostic quant au rôle des activités humaines sur le climat. C'est l'objectif assigné au GIEC créé en 1988 à l'initiative du G7 sous les auspices conjoints du Programme des Nations unies pour l'environnement (PNUE) et de l'Organisation météorologique mondiale (OMM). Ce diagnostic du GIEC porte sur trois volets distincts : l'évaluation scientifique de l'évolution du climat, celle de ses conséquences et celle des stratégies de parade. Il n'a pour rôle ni d'entreprendre des travaux de recherche ni de faire des recommandations aux décideurs politiques. Bert Bolin en est le premier président.

Les rapports du GIEC et la Convention Climat

Le premier rapport, publié en 1990, est complété en 1992. Il est suivi de cinq autres rapports complets (1995, 2001, 2007, 2014 et 2023). S'y ajoutent des rapports spéciaux portant sur des thèmes ciblés, des rapports techniques et des documents méthodologiques. La quasi-totalité des pays, 195 actuellement, sont membres du GIEC. Les évaluations sont principalement fondées sur des publications scientifiques et techniques dont la rigueur est largement reconnue. Chaque chapitre est rédigé par une douzaine d'auteurs sélectionnés par le bureau du GIEC et cette rédaction est organisée autour de quatre rendez-vous espacés de six à huit mois. La version rédigée à l'issue du deuxième rendez-vous est ouverte aux commentaires de tout scientifique extérieur souhaitant apporter son avis. La version suivante est l'objet d'une seconde étape de commentaires qui transite par les représentants des gouvernements. La qualité des rapports repose sur cette démarche « d'expertise collective » associée au processus de revue. Afin de les rendre accessibles, ces rapports sont complétés par un résumé technique et par un autre, plus synthétique, à destination des décideurs.

Ce résumé pour décideurs est soumis pour approbation à l'assemblée plénière. Même s'il s'agit là de représentants des gouvernements, le rapport reste l'entière propriété des scientifiques du GIEC, car toute modification proposée doit s'appuyer sur une conclusion déjà inscrite dans le rapport principal. En règle générale, le contenu du résumé n'est que marginalement modifié et ce processus d'approbation se traduit par l'appropriation des rapports par les gouvernements, une adoption au sens plein du terme.

Dès 1992, au sommet de la Terre de Rio, la Convention Climat est lancée : son objectif ultime est de « stabiliser [...] les concentrations de gaz à effet de serre dans l'atmosphère à un niveau qui empêche toute perturbation anthropique dangereuse du système climatique ». Les émissions annuelles de CO_2 approchent alors les 25 milliards de tonnes (dont plus de 75 % liées à l'utilisation des combustibles fossiles, environ 20 % à la déforestation et le reste à la fabrication du ciment). Plus de la moitié est absorbée par la végétation et par l'océan mais près de 10 milliards de tonnes s'accumulent chaque année dans l'atmosphère. Il est donc d'ores et déjà évident qu'il faut diminuer les émissions anthropiques de CO_2 si l'on veut effectivement stabiliser l'effet de serre.

En 1995, les pays signataires se réunissent à Berlin pour leur première COP (Conference of Parties) ; la 29e COP climat s'est tenue à Bakou en novembre 2024. Les rapports successifs du GIEC, exempts de toute recommandation prescriptive, ont-ils fourni aux négociateurs du climat et aux gouvernements les éléments nécessaires pour que des décisions soient prises ? Si l'on se réfère aux trois COP emblématiques, celles qui ont donné lieu aux accords de Kyoto (1997), Copenhague (2009) et Paris (2015), le constat est sans appel : même si les textes de ces accords s'appuient assez largement sur les conclusions des rapports du GIEC, le fossé est énorme entre les objectifs fixés et la réalité.

Pourtant, cela avait plutôt bien commencé. Dès 1997, la troisième COP se conclut par la mise en place du protocole de Kyoto. Les négociateurs prennent acte de la nécessité de diminuer les émissions de gaz à effet de serre en fixant, pour les pays développés, des objectifs de réduction de 5 % sur la période 2008-2012 par rapport au niveau de 1990. Pour les États-Unis, c'est Al Gore, alors vice-président, qui est à Kyoto. En 2000, il échoue à l'élection présidentielle face à George W. Bush qui décide de ne pas ratifier le protocole. Certes, les émissions des États-Unis n'augmentent pas dans les années 2000 mais le fait que le premier pays émetteur s'en exonère obère la possibilité que les objectifs soient atteints. D'autant que les émissions de la Chine s'envolent durant ces années-là. Elles dépassent celles des États-Unis en 2005 et ont plus que doublé au cours des années 2000. Résultat : les émissions mondiales ont augmenté trois fois plus vite dans les années 2000 (3,3 % par an) qu'au cours de la décennie précédente. La mise en œuvre du protocole de Kyoto est un cruel échec.

Le bilan de Copenhague (COP15) est très mitigé. Nous sommes en 2009 et il est temps de préparer un accord que l'on espère ambitieux pour l'après-Kyoto, à compter de 2013. En 2007, le quatrième rapport a été très bien reçu sur le plan international et, cette même année, le GIEC est co-lauréat avec Al Gore du prix Nobel de la paix. Ce rapport affirme de façon claire, à plus de 90 %, la responsabilité humaine dans le réchauffement dont les conséquences potentielles sont de mieux en mieux cernées.

Sur le plan scientifique, tout est en place pour que Copenhague soit une réussite. Mais, quelques semaines avant la conférence, le GIEC fait l'objet d'une campagne de dénigrement. S'appuyant sur des courriels piratés de l'université d'East Anglia, ce *climategate* vise à discréditer le GIEC en évoquant une falsification des données utilisées. En réalité, n'y sont mentionnées que des corrections mineures qui ne modifient en rien les conclusions des travaux de recherche.

En 2001, la période du dernier millénaire avait déjà été au cœur d'une polémique ayant pour objet la courbe en « crosse de hockey », basée sur les travaux du chercheur américain Michael Mann qui concluait : « le réchauffement observé au XXe siècle a été le plus important des 1 000 dernières années ». Les passions s'étaient alors déchaînées et étaient restées vives tout au long des années 2000. Le *climategate* relance la polémique. À tort, puisque cette conclusion est pleinement confirmée. Preuves à l'appui, le réchauffement récent est désormais qualifié de « sans précédent depuis 2000 ans ».

Cette campagne de dénigrement s'inscrit dans un contexte favorable au climatoscepticisme. Nous sommes en 2009 et le record de température de 1998, année marquée par l'événement El Niño le plus important du XXe siècle, n'a toujours pas été dépassé. Les climatosceptiques y voient une raison d'affirmer que le réchauffement s'est arrêté. Il s'est effectivement ralenti dans l'atmosphère, d'un facteur 3 dans les années 2000, mais il s'est poursuivi dans l'océan comme en témoigne l'élévation du niveau de la mer. Et comme l'anticipaient alors les climatologues, le réchauffement a bel et bien repris dans les années 2010.

La conjonction du *climategate*, d'un climatoscepticisme actif et d'erreurs qui y sont relevées réduit la portée du quatrième rapport du GIEC. L'Arabie saoudite va jusqu'à remettre en cause ses conclusions lors de l'ouverture de la COP15. La crise économique de 2008 n'a pas non plus aidé. Seuls l'Europe et quelques autres pays, soit moins de 15 % des émissions mondiales, s'engagent avec un objectif chiffré de réduction de leurs émissions à l'horizon 2020. Copenhague est un échec : sur la période couverte par cet accord, de 2013 à 2020, les émissions de CO_2 n'ont pas cessé d'augmenter…

Avec une exception. Elles ont diminué de 5,7 % entre 2020 et 2019, car beaucoup d'activités étaient quasiment à l'arrêt pour cause de pandémie de Covid-19. La hausse des émissions s'est poursuivie chaque année depuis 2020. Les concentrations en CO_2 sont désormais de 50 % plus élevées qu'elles ne l'étaient au début de l'ère industrielle, il y a deux cents ans. La dernière fois que la Terre a connu une situation comparable, c'était il y a trois à cinq millions d'années. La température était alors de 2 à 3 °C plus élevée qu'aujourd'hui, et le niveau de la mer excédait de 10 à 20 mètres le niveau actuel…

Nos activités modifient les concentrations d'autres gaz à effet de serre dans l'atmosphère : méthane et protoxyde d'azote. Après une période de stabilisation dans les années 2000, les émissions de méthane sont reparties à la hausse à un rythme jamais connu jusqu'alors. Les émissions anthropiques de protoxyde d'azote, dont plus de 80 % sont liées à l'agriculture, ont aussi atteint un niveau record ; elles ont augmenté d'environ 40 % depuis les années 1980.

Résultat : les émissions de gaz à effet de serre n'ont fait qu'augmenter. Exprimées en équivalent CO_2, elles ont plus que doublé, passant de 27 à près de 60 milliards de tonnes entre le début des années 1970 et aujourd'hui. Pourtant, la communauté scientifique ne cesse d'affirmer qu'elles doivent impérativement diminuer afin que la température moyenne de la Planète se stabilise.

L'accord de Paris

Le cinquième rapport du GIEC, finalisé en 2014, n'est l'objet d'aucune polémique. Ses conclusions sont assez largement prises en compte lors de la COP21 qui se réunit à Paris à la fin de l'année 2015. L'idée d'un objectif chiffré de stabilisation du réchauffement, absent de la version initiale de la Convention Climat, était déjà mentionnée dans l'accord de Copenhague. Elle se concrétise dans l'accord de Paris. L'analyse de l'évolution des risques climatiques justifie pleinement l'objectif de limitation du réchauffement à +2 °C : le climat sera différent de celui dans lequel nous vivons mais il devrait être possible de s'y adapter, au moins pour l'essentiel... L'accord de Paris se fixe donc pour objectif de « contenir l'élévation de la température moyenne de la planète nettement en dessous de 2 °C par rapport aux niveaux préindustriels ».

Mais ces risques ne sont pas également répartis. Des petites îles sont déjà très vulnérables par rapport à une élévation du niveau de la mer de quelques dizaines de centimètres. Ces petits États insulaires se battent pour que soit inscrit l'objectif plus ambitieux de limitation à +1,5 °C. Ils obtiennent gain de cause. L'accord de Paris met en avant l'intérêt « de poursuiv[re] l'action menée pour limiter l'élévation de la température à +1,5 °C par rapport aux niveaux préindustriels, étant entendu que cela réduirait sensiblement les risques et les effets du changement climatique ».

En 2015, l'accord de Paris met l'accent sur l'objectif de 2 °C et indique qu'il faut viser la « neutralité carbone » au cours de la deuxième moitié du siècle. Six ans plus tard, le pacte de Glasgow adopté à l'issue de la COP26 vise plus haut avec un objectif de +1,5 °C : ce qui suppose des émissions de CO_2 « net-zéro » et des réductions importantes des émissions des autres gaz à effet de serre d'ici le milieu du siècle. Depuis Glasgow, l'horizon 2050 est au cœur des objectifs de la Convention Climat. Bien en deçà de +2 °C, si possible +1,5 °C. Ces objectifs sont justifiés mais extrêmement ambitieux. Irréalistes d'après certains. C'est en effet le cumul des émissions de CO_2 qui, dans une large mesure, va déterminer la moyenne mondiale du réchauffement en surface vers la fin du XXIe siècle et au-delà.

À chaque niveau de stabilisation visé correspond une quantité d'émissions de CO_2 à ne pas dépasser. Les chiffres évoqués font froid dans le dos… Début 2025, il nous reste une trentaine d'années d'émissions au rythme actuel pour garder une chance sur deux de ne pas dépasser +2 °C. Mais il nous reste moins de dix ans si nous voulons avoir une chance sur deux de respecter l'objectif de +1,5 °C. Voire cinq, si l'on veut avoir plus de deux chances sur trois de ne pas le dépasser. Cela ne signifie pas que les émissions des autres gaz à effet de serre n'ont aucune importance. Au contraire. Diminuer rapidement les émissions de méthane aurait à court terme un effet très bénéfique, du fait de sa brève durée de vie dans l'atmosphère, de l'ordre d'une dizaine d'années.

L'introduction d'objectifs chiffrés a radicalement modifié la nature de la Convention par rapport à celle de 1992. En 2015, cette Convention connaît un autre changement, tout aussi radical. Plutôt que de fixer des objectifs pour les seuls pays développés, elle propose à l'ensemble des pays de prendre des engagements par rapport à leurs émissions et/ou dans le domaine de l'adaptation. Quels que soient leurs niveaux d'ambition, extrêmement modestes dans de nombreux cas, ces engagements sont avalisés sans être remis en question. Conséquence logique : quasiment tous les pays signent puis ratifient l'accord de Paris. Les États-Unis qui en sont sortis sous la présidence de Donald Trump l'ont réintégré sous celle de Joe Biden. Cette universalité, remise en question avec l'élection de Donald Trump pour un second mandat, constitue le grand succès de l'accord de Paris.

Hélas, les projections d'évolution des émissions, largement déterminées par notre utilisation des combustibles fossiles, nous emmènent plutôt vers un réchauffement de +3 °C. Grâce à certaines mesures déjà prises, on s'éloigne un peu du scénario le plus émetteur mais les risques sont toujours très élevés : un réchauffement planétaire moyen proche de +4 °C ne peut pas être exclu en cas de sensibilité du climat plus forte qu'envisagée dans le scénario +3 °C… Avec des conséquences de mieux en mieux documentées qui interrogent sur la possibilité d'un développement harmonieux de notre civilisation.

Nous sommes donc loin du compte. Il est peu probable que les émissions de gaz à effet de serre commencent à diminuer significativement d'ici 2030. Nous aurons alors beaucoup trop d'émissions annuelles pour garder des chances de respecter les objectifs de l'accord de Paris, 20 % en trop pour +2 °C, 45 % en trop pour +1,5 °C. Ces chiffres illustrent l'urgence : c'est maintenant qu'il faut agir si l'on veut que les jeunes d'aujourd'hui puissent s'adapter sans trop de difficultés au climat qu'ils connaîtront dans la seconde partie de ce siècle.

La partie est loin d'être gagnée

Alors que l'un des auteurs du présent ouvrage rappelait cette urgence absolue lors d'une table ronde organisée par le Medef fin août 2023, voilà ce que lui répondait Patrick Pouyanné, PDG de TotalÉnergies : « J'entends les appels de Jean et je respecte l'avis des scientifiques, mais le problème, c'est qu'il y a la vie réelle… Je suis un producteur d'énergie fossile parce que c'est de l'énergie que vous utilisez tous les jours. [...] Je suis désolé Jean, cette transition prendra du temps. »

Un véritable dialogue de sourds avec ce rappel : « La vie réelle, c'est aussi l'équivalent du quart de la surface de la France qui a brûlé au Canada, les canicules et leurs morts, un pays comme l'Iran où l'on a arrêté de travailler pendant deux jours parce qu'il faisait 55 °C... » À quoi bon ? Quand on décrit les choses telles qu'elles sont face à un parterre de chefs d'entreprise, on reçoit un accueil glacial. La transition est porteuse de dynamisme économique, d'innovations, d'emplois ! Peut-être pas à très court terme, mais à dix ou quinze ans. Comment le faire entendre au Medef ?

Un an et quelques mois plus tard, la « vie réelle » est tout aussi difficile, sinon davantage, si l'on observe les conséquences du réchauffement climatique. Avec des désastres meurtriers liés aux événements extrêmes. Des pluies torrentielles de plus en plus intenses à l'origine d'inondations catastrophiques comme celles qui en Espagne ont dévasté la région de Valence à l'automne 2024.

Patrick Pouyanné a quant à lui annoncé que TotalÉnergies comptait encore augmenter sa production de pétrole et de gaz jusqu'en 2030, malgré le consensus scientifique qui préconise d'accélérer la sortie des énergies fossiles. Et si TotalÉnergies investit dans les renouvelables, pour les fossiles rien n'a vraiment changé.

Notre action n'est pourtant pas vaine. Dans les années 1990, les climatologues évoquaient comme plausibles les scénarios *business as usual*, synonymes de réchauffement de +4 à +5 °C à l'horizon 2100. Aujourd'hui, le scénario +3° l'emporte. Indéniablement, des progrès ont été réalisés. Mais énormément reste à faire si nous voulons éviter d'aller dans le mur.

CHAPITRE 2

Savoir-faire pour une transition

La transition vers une économie sobre et propre suppose des changements de tous ordres et dans tous les secteurs. Les modes de vie seront différents, les biens et services consommés le seront également. Rappelons quelques chiffres issus du dernier rapport du GIEC. Celui-ci conclut que les trajectoires de réduction des émissions qui limitent le réchauffement à +1,5 °C ou même à +2 °C impliquent des réductions rapides, voire immédiates. Elles concernent tous les secteurs d'activité et les dix ans à venir vont être cruciaux : pour avoir des chances de ne pas dépasser +2 °C d'ici la fin de siècle et au-delà, il faudrait que ces émissions diminuent de 28 % d'ici 2030, et de 37 % d'ici 2035 par rapport aux niveaux de 2019. Il n'y a pas d'impasse technologique car les ingénieurs y travaillent depuis des années. Quelques exemples, à défaut de pouvoir être exhaustifs, devraient suffire à en faire la démonstration.

Les énergies renouvelables croissent rapidement au niveau mondial, et le nucléaire (deuxième source d'électricité bas-carbone) redémarre, avec un record attendu de production en 2025 à l'échelle planétaire. Nous savons construire des habitations à basse consommation en ossature bois pour des prix très compétitifs. Si la rénovation des logements reste coûteuse pour la majorité des citoyens, elle est largement accessible moyennant des aides publiques et, surtout, une politique volontariste en la matière : cela ne semble pas plus irréaliste que ne l'était le programme Apollo ! Son déploiement à large échelle n'est pas simple, car il dépend d'une programmation politique et d'une mobilisation des professionnels et des citoyens. Rien d'inconcevable. Dans le domaine agricole, le modèle industriel domine mais ne permettra pas de nourrir tous les habitants d'une Planète accablée par le changement climatique. Seule perspective réaliste de survie : protéger et mobiliser le plus efficacement et équitablement possible les ressources naturelles locales. L'agroécologie, à laquelle se consacrent activement les chercheurs de l'Inrae[1] en France, représente un espoir : elle pourrait offrir la possibilité de traverser, sans dommages irrémédiables, les périodes de stress global.

1. Institut national de recherche pour l'agriculture, l'alimentation et l'environnement.

Il faut enfin préciser que la majorité des solutions apportées au changement climatique peuvent se révéler autrement vertueuses : en contribuant à l'amélioration du pouvoir d'achat des ménages, à la réduction de notre facture commerciale, et à la baisse de notre consommation d'énergie. Elles contribuent en outre à notre autonomie stratégique en réduisant les achats d'énergie fossile dont nous sommes dépourvus.

Énergies renouvelables et industries connexes

En 2023, le parc mondial de production d'énergies renouvelables a connu une progression sans précédent. Selon le rapport de l'Agence internationale de l'énergie pour cette année, l'addition globale des capacités de production d'énergies renouvelables a atteint 510 GW et connu le rythme de croissance le plus rapide des deux dernières décennies. D'après l'Agence internationale pour les énergies renouvelables, l'Irena, le solaire photovoltaïque, contributeur majoritaire à cette croissance, était en 2010 sept fois plus cher que la solution alimentée aux combustibles fossiles la moins chère[1]. En 2022, elle coûtait un petit tiers de moins que la solution alimentée aux

1. Irena, *Coûts de la production d'énergie renouvelable en 2022*, Agence internationale pour les énergies renouvelables, 2023.

combustibles fossiles. Le coût des énergies renouvelables a baissé de manière spectaculaire au cours des quinze dernières années. Si les prix relativement élevés des combustibles fossiles en 2022 doivent être pris en compte pour expliquer cette évolution, celle-ci est principalement due aux économies d'innovation et d'échelle qui, depuis 2010, ont fait plonger de plus de 80 % les coûts de production du solaire photovoltaïque (et, dans une moindre proportion, de l'éolien). La tendance s'est affirmée en 2024, au point que, pour cette année, l'ensemble des opérateurs ont investi presque deux fois plus dans les énergies renouvelables (2 000 milliards USD) que dans les énergies fossiles.

Aussi impressionnante soit-elle, la croissance des capacités de production d'énergies renouvelables ne peut, pour l'instant, couvrir l'ensemble des besoins, d'où la nécessité de recourir aux énergies fossiles dans des quantités encore très importantes. Mais celles-ci devraient décroître à mesure qu'augmente la disponibilité des renouvelables. Moyennant une discipline raisonnable de sobriété, la transition énergétique ainsi conduite ne devrait pas interdire toute forme de développement économique.

Mais en aucun cas il ne devra s'agir de « servir la demande ». Nous ne réussirons à atteindre des objectifs environnementaux que si nous acceptons un mode de vie plus sobre. Les citoyens des pays les plus défavorisés sont d'évidence obligés, pour espérer une vie plus digne, de consommer plus d'énergie. Mais pourquoi fossile ? Il ne faut pas se tromper, servir la demande au sens où l'entendent les producteurs d'énergie fossile, c'est servir leurs intérêts financiers et participer à la destruction du climat. C'est aussi oublier que les progrès dans la production de renouvelables se doublent de progrès également importants à la périphérie du système de production : pompes à chaleur, batteries géantes, véhicules électriques, fourneaux solaires.

Extension quantitative et qualitative du parc mondial de pompes à chaleur

La priorité en matière de bâtiments et de logements est bien d'améliorer leur performance énergétique. Cela ne pose aucune difficulté technique, et les matériaux bas-carbone sont de plus en plus accessibles. Il reste néanmoins un besoin résiduel d'énergie (sauf dans les logements neufs dits « passifs »). Pour ce faire, la pompe à chaleur est la solution de référence.

Une pompe à chaleur fonctionne comme un réfrigérateur, mais en sens inverse. Elle tire de la chaleur d'un milieu environnant – sol, eau ou air – pour la transférer à un bâtiment. Ce transfert consomme de l'énergie, beaucoup moins cependant que l'énergie effectivement transférée. Pour les pompes les plus performantes, l'énergie transférée est plus de quatre fois supérieure à l'énergie électrique assurant le fonctionnement de l'installation (comme pour les réfrigérateurs).

Les modèles récents air-air sont réversibles, c'est-à-dire qu'ils peuvent fonctionner comme climatiseurs en consommant beaucoup moins d'électricité que les climatiseurs standard. Le parc mondial de pompes à chaleur en fonctionnement est actuellement de 195 millions d'unités, un doublement étant attendu au cours de la décennie. Les pompes à chaleur s'imposent comme la solution dans de nombreux habitats, dès lors que l'électricité produite est bas-carbone, et que le logement le permet. En France, leur croissance est régulière depuis 2014 et il s'en est vendu en 2023 plus de 1,2 million. À nouveau, leur développement se heurte aux lobbies des chaudières à gaz qui font tout pour éviter une réglementation qui les contrarierait et qui prétendent que le gaz fossile est une énergie de transition. Voilà une absurdité de plus : les ménages ne changent pas souvent de moyen de chauffage ; il faut donc les aider à faire les bons choix d'entrée de jeu.

Batteries géantes et efficacité intertemporelle des renouvelables

Quand le soleil s'est couché, les panneaux solaires ne produisent plus alors que c'est à ce moment précis que la consommation d'électricité est la plus importante. Il faut alors avoir recours à des centrales brûlant des fossiles, généralement du gaz. Il est pourtant possible de recourir aux capacités de stockage des batteries géantes (chacune de la taille d'un conteneur maritime avec une puissance de l'ordre de 100 MW). Sur les plans technique et économique, les plus intéressantes de ces batteries fonctionnent de la manière suivante : deux électrolytes liquides complémentaires se rencontrent dans la cellule centrale de la batterie, où leur réaction produit de l'électricité qui peut ensuite être envoyée sur le réseau. Les manipulations sont simples et ne nécessitent aucun des métaux rares indispensables aux batteries lithium-ion.

La Chine est le pays le plus avancé dans ce domaine. L'Australie est également bien placée. Depuis 2020, les États-Unis mettent les bouchées doubles : la capacité de stockage sur les réseaux du pays a été multipliée par dix pour atteindre 16 000 MW. Cette capacité devrait encore doubler en 2024, avec les croissances les plus fortes en Californie, au Texas et en Arizona.

Les Janus automobiles

En matière de mobilité, la priorité est de limiter les déplacements et de recourir à des modes actifs (marche ou vélo) et aux transports publics. Or ce n'est pas toujours possible. Le développement de voitures bas-carbone, en l'occurrence électriques, est incontournable et inexorable.

L'acharnement des grands constructeurs automobiles à concevoir et promouvoir en masse des SUV les range parmi les prédateurs de la Planète. Même s'ils ne sont pas de purs prédateurs ayant pour premier objectif de faire obstacle à la transition écologique, les constructeurs automobiles ont autant intérêt à ralentir la transition qu'à y participer.

L'électrique est considéré comme l'avenir de la voiture, les producteurs ne peuvent donc pas s'en détourner. Récemment encore, seul le haut de gamme était concerné. En 2024, la baisse des coûts de production (efficacité manufacturière et sélection des composants), favorisée par l'accroissement de la concurrence et des progrès techniques, offre un attrait supplémentaire aux voitures électriques de moyenne gamme et les place en bonne position par rapport à leurs concurrentes à explosion. D'autant que les coûts de production des voitures à explosion sont en hausse, du fait des normes environnementales de plus en plus sévères qui leur sont imposées. Un moteur électrique est plus simple à concevoir qu'un moteur de voiture thermique, et son rendement énergétique est aussi bien meilleur.

La seule difficulté du véhicule tient à sa batterie. Dans ce domaine, ce qui vient d'être dit des batteries géantes s'applique : des progrès énormes ont été faits. Le prix des packs de batteries a été divisé par cinq entre 2013 et 2021. La Chine a pris de l'avance. Et des gigafactories s'installent partout dans le monde. Le problème de l'accélération de la pénétration des voitures électriques n'est donc plus technique. Il est politique.

Ce panorama est encourageant. Mais il passe sous silence l'asymétrie fondamentale entre énergies renouvelables et énergies fossiles que, dans son récent livre *The Price is Wrong*[1], Brett Christophers caractérise d'une formule choc : « sauver la planète n'est pas suffisamment profitable ». Car les coûts de production ne constituent qu'une dimension du profit des entreprises. Entrent également en jeu la diversification des produits vendus, la structure plus ou moins concurrentielle des marchés, la maîtrise du lobbying, l'accès au crédit bancaire, l'obtention de subventions explicites ou implicites. Sur tous ces plans, l'avantage est aux entreprises produisant des combustibles fossiles ; et à ce titre, le rôle des politiques publiques est essentiel. Le seul jeu des marchés ne peut conduire la transition à son terme.

Les besoins culinaires des populations pauvres

Parmi les soixante-sept facteurs de risque sanitaire recensés par *The Lancet* en 2012 et classés par gravité

1. Brett Christophers, *The Price is Wrong: Why Capitalism Won't Save the Planet*, Verso Books, 2024.

décroissante, la pollution de l'air à l'intérieur d'habitations équipées de fourneaux de cuisson brûlant de la biomasse (déchets de bois ou déchets agricoles) figure en troisième position. Ce qui à première vue peut paraître étonnant s'explique par l'intensité et la nature des émissions accompagnant l'utilisation de la biomasse, et par le nombre d'utilisateurs de ces fourneaux primitifs. Substituer à ceux-ci des fourneaux solaires (solaire thermique) représente un progrès décisif en termes d'efficacité et d'impact sanitaire.

Le fourneau solaire est encore trop peu répandu mais il satisfait ses utilisateurs partout où il a été introduit. En particulier sur les hauts plateaux andins semi-désertiques, dans des zones tropicales déforestées en Afrique, dans la province chinoise du Henan qui en a fait une priorité régionale, ou dans des camps de réfugiés au Moyen-Orient.

Les avancées technologiques dans le domaine des matériaux

Les ingénieurs ont aussi fait des avancées non négligeables pour réduire massivement le recours à la pétrochimie et aux matériaux intenses en carbone (comme le béton), tout en parvenant à éliminer, au moins partiellement, les plastiques qui polluent la Planète et en particulier les océans. Sans recenser tous les progrès accomplis, évoquons ici les plus marquants.

Matériaux de construction durables

Selon l'Agence internationale de l'énergie, près de 40 % des émissions mondiales annuelles de CO_2 sont attribuées à l'environnement bâti. Parmi ceux-ci, 11 % sont le résultat de la fabrication de matériaux de construction comme l'acier, le ciment et le verre. Dans le domaine de la construction, la conception de matériaux écologiques est essentielle pour réduire l'empreinte carbone des bâtiments. Les matériaux traditionnels comme le béton et l'acier, bien qu'efficaces, sont à l'origine d'une part significative des émissions de gaz à effet de serre. Les recherches récentes se concentrent sur des alternatives plus durables. Par exemple, le béton bas-carbone incorpore des déchets industriels tels que les cendres volantes ou les scories d'acier pour réduire la consommation de ciment, un composant très énergivore. Les matériaux biosourcés, comme les panneaux de fibres de bois ou les isolants à base de chanvre, présentent non seulement une faible empreinte carbone, mais offrent également des propriétés thermiques et acoustiques remarquables. Le mycélium, un champignon naturellement solide, léger et biodégradable, pourrait quant à lui permettre de fabriquer des briques biodégradables afin de remplacer les matériaux de construction conventionnels.

Ces nouvelles technologies auront bien sûr d'autant plus d'impact qu'elles s'imposeront dans un cadre politique d'ensemble, visant à réduire la construction neuve, favoriser la rénovation énergétique et maîtriser la croissance des surfaces construites.

La révolution des nanocomposites

Les nanocomposites sont des matériaux constitués d'une matrice combinée à des nanoparticules. Les nanocomposites à base de graphène présentent une conductivité électrique exceptionnelle et donc idéale pour les panneaux solaires ou les batteries. Également à base de nanocomposites, des vitrages sélectifs laissant passer la lumière visible mais pas le rayonnement infrarouge ont été mis au point. Dans l'industrie des emballages, les nanocomposites permettent de créer des films plus légers et plus résistants tout en prolongeant la durée de conservation des produits alimentaires.

Le biomimétisme : s'inspirer de la nature pour cesser de la détruire

Nous connaissons tous le velcro, l'une des grandes applications de la recherche en biomimétisme. Son inventeur, George de Mestral, en a eu l'idée après avoir remarqué la facilité avec laquelle les bardanes restaient accrochées aux poils de son chien. En les observant au microscope, il a remarqué la présence de minuscules crochets à leurs extrémités. De la même façon, l'architecte Mick Pearce s'est inspiré des termitières pour concevoir la ventilation de l'Eastgate Centre d'Harare, un énorme immeuble de commerces et de bureaux ouvert en 1996 au Zimbabwe. La structure des feuilles de lotus a quant à elle inspiré des revêtements autonettoyants durables et non toxiques, qui permettent de réduire l'usage des produits de nettoyage. Les mangroves, écosystème composé de palétuviers, poussent à la frontière entre le monde marin et terrestre : ils colonisent les côtes vides parce qu'ils dessalent l'eau de mer, et créent ainsi des conditions propices au développement d'autres espèces. C'est à partir de leur observation qu'ont été mis au point des prototypes d'usines de dessalement beaucoup moins énergivores que les solutions traditionnelles.

Biodégradation des plastiques

Les plastiques qui représentent l'un des défis majeurs de la pollution mondiale sont aussi sources d'émissions de gaz à effet de serre. Les recherches en biodégradation offrent des pistes prometteuses pour résoudre ce problème. Des bactéries et enzymes capables de décomposer les polymères présents dans les plastiques ont été identifiées. Par exemple, l'enzyme PETase, produite par une bactérie découverte dans un site de décharge, est capable de dégrader le polyéthylène téréphtalate (PET) en quelques jours seulement, contre plusieurs siècles dans des conditions naturelles. Il reste des défis à relever, notamment en ce qui concerne l'optimisation de la production enzymatique, la stabilité de l'enzyme dans des conditions industrielles et la viabilité économique du processus. Des innovations technologiques permettent également de produire des plastiques biodégradables à partir de sources renouvelables, comme l'acide polylactique (PLA) issu de la fermentation de sucres végétaux. Ces matériaux se décomposent rapidement dans des environnements industriels ou naturels, réduisant ainsi leur impact sur les écosystèmes. Le PLA a prouvé sa faisabilité à grande échelle mais rencontre certaines limites d'usage et de biodégradabilité.

L'innovation technologique est au rendez-vous, mais elle ne va pas nous sauver

Ingénieurs et scientifiques y travaillent d'arrache-pied et pourtant, la technique ne va pas nous sauver. À cela deux grandes raisons. La première peut s'illustrer par le succès des LED : avec une durée de vie et une efficacité énergétique bien supérieures aux ampoules à incandescence et malgré un coût plus élevé, elles s'imposent aujourd'hui dans le monde entier. La demande d'éclairage s'est parallèlement accrue de manière exponentielle : c'est ce qu'on appelle l'effet rebond. Dès lors, bien que la consommation d'énergie pour s'éclairer ait baissé, cette baisse est bien moins rapide que la hausse de l'efficacité énergétique d'une ampoule.

Autre limite : la technologie est aveugle au climat. Les progrès inouïs du numérique peuvent servir à bien des applications – des jeux vidéo à la reconnaissance faciale en passant par la sophistication des armes de guerre. Il faudrait la mettre au service du climat. Mais cela supposerait une intervention publique puissante et pertinente : nous y reviendrons.

CHAPITRE 3

Les plaies d'Égypte

Les conséquences du réchauffement climatique sont de mieux en mieux documentées. Des désastres à répétition y sont associés. Et pour les décennies et siècles à venir, c'est un diagnostic implacable que nous livre le dernier rapport du GIEC : « Le changement climatique est une menace pour le bien-être de l'humanité et la santé de la planète. »

Les scénarios d'évolution du climat

Ce diagnostic s'appuie sur des modèles climatiques construits à partir de lois telles que la conservation de la masse, de l'énergie et de la quantité de mouvement, pour la plupart établies depuis plus d'un siècle. Des incertitudes restent attachées à leur utilisation mais la confrontation à la réalité illustre la qualité de ces modèles. Leur capacité à simuler les grandes caractéristiques de la circulation atmosphérique a été très vite démontrée. Ils reproduisent remarquablement le climat au cours d'une année mais aussi mois après mois, saison après saison. Ils sont également aptes à décrire le climat sur des périodes plus longues (comme le montre la comparaison des simulations du climat avec les variations observées depuis le début du XXe siècle), et à rendre compte de climats très différents du nôtre (comme celui du dernier maximum glaciaire, il y a vingt mille ans).

Ces modèles climatiques sont donc des outils adaptés pour explorer l'évolution future de notre climat en fonction de l'évolution des émissions de gaz à effet de serre. Ces émissions dépendent principalement de la démographie, de l'activité économique, du mode de vie, de la consommation d'énergie, de l'utilisation des terres, de la technologie et de la mise en œuvre, ou non, de politiques climatiques. Cinq scénarios principaux sont explorés dans le sixième rapport du GIEC, deux scénarios émetteurs, deux sobres, et un intermédiaire.

Dans les scénarios émetteurs, les températures moyennes se situeraient en 2100 entre 4 et 5 °C au-dessus de la période préindustrielle. Un tel réchauffement serait équivalent à celui associé au passage du climat du dernier maximum glaciaire à des conditions assez proches de celles d'aujourd'hui, il y a 12 000 ans. C'est impressionnant. Plus encore si l'on réalise que le réchauffement planétaire lié à nos activités serait, au cours du XXIe siècle, au moins cinquante fois plus rapide que celui associé en moyenne à cette transition entre le dernier maximum glaciaire et les conditions proches du climat actuel.

Grâce aux mesures d'atténuation qui ont déjà été prises, en premier lieu le développement des énergies renouvelables, nous devrions être en mesure d'éviter ces scénarios les plus émetteurs. Nous sommes plutôt sur une trajectoire proche du scénario intermédiaire avec l'espoir de limiter le réchauffement à environ +3 °C d'ici la fin du siècle. Des risques très importants y seraient néanmoins associés et il serait difficile, voire impossible dans certaines régions, de s'y adapter. Sans les examiner de façon exhaustive en voici quelques exemples.

Déjà des conséquences désastreuses

Limité à un peu plus de 1 °C, le réchauffement climatique affecte déjà la fréquence et l'intensité des événements extrêmes par rapport à la période pré-industrielle. En moyenne planétaire, la fréquence des vagues de chaleur a été multipliée par trois et elle a augmenté de 30 % pour les pluies intenses et de 70 % pour les sécheresses. Ces événements sont également plus intenses avec des pics de chaleur qui augmentent plus rapidement que la température moyenne, des sécheresses plus longues et des pluies extrêmes plus torrentielles. Ces caractéristiques vont s'intensifier avec le réchauffement : à +3 °C, la fréquence des vagues de chaleur serait multipliée par sept, celles des pluies extrêmes feraient plus que doubler et celle des sécheresses plus que tripler.

Ces pluies torrentielles sont un des facteurs à l'origine d'inondations de plus en plus destructrices comme celles qui, fin octobre 2024, ont affecté la région espagnole de Valence. Le phénomène d'épisode méditerranéen associé à une dépression en haute altitude (qualifiée de goutte froide) et à des précipitations stationnaires y est assez courant. Mais son intensité a été amplifiée en raison des températures très élevées qui ont persisté à la surface de la Méditerranée après un été où l'eau a atteint les 30 °C, un record. Dans certaines localités, il est tombé autant de pluie en trois heures qu'au cours des vingt et un mois précédents. Amplifiés par l'artificialisation des sols, certains aménagements associés à l'urbanisation et une gestion du risque défaillante, les dégâts matériels mais surtout humains – 240 morts – ont été considérables. On peut légitimement craindre qu'à l'avenir ces pluies torrentielles se répètent et s'intensifient, car les températures de surface de la Méditerranée vont continuer à battre des records.

Les périodes ponctuées à la fois par des sécheresses et par des canicules sont propices à l'extension des feux de forêt, qu'ils soient d'origine naturelle, accidentelle ou criminelle. Ainsi, 15 millions d'hectares ont été détruits par le feu au Canada en 2023, sept fois plus que la moyenne annuelle observée au cours des quatre décennies précédentes. Le lien avec des conditions climatiques marquées par des sécheresses et des chaleurs extrêmes est clairement établi. À l'échelle planétaire, la superficie des régions à risque a doublé. Cet accroissement va se poursuivre.

En janvier 2025, de terribles incendies ont dévasté Los Angeles, dont certains quartiers ont été rayés de la carte, et sa région. Les fortes précipitations des hivers précédents y avaient favorisé le développement de la végétation. Celle-ci s'est asséchée tout au long de la période d'aridité qui a suivi, ce qui a favorisé la propagation de ces incendies attisés par des températures élevées et des vents particulièrement violents. Cette alternance entre précipitations intenses et sécheresses très marquées a semble-t-il un lien avec le réchauffement climatique. C'est ce qu'indiquent les premières études d'attribution comme celle publiée par ClimaMeter[1] : « Nous interprétons les incendies de forêt de janvier 2025 en Californie comme un événement provoqué par des conditions météorologiques très rares dont les caractéristiques peuvent être attribuées au changement climatique d'origine humaine. »

---

1. Greta Cazzaniga, Davide Faranda, « January 2025 California wildfires have been fueled by meteorological conditions strengthened by human-driven climate change », ClimaMeter, Institut Pierre-Simon-Laplace, CNRS, 2025.

Les feux canadiens de 2023 ont été à l'origine de plus de 2 milliards de tonnes de CO_2, de l'ordre de 5 % des émissions annuelles de ce gaz à effet de serre, niveau que seuls la Chine, les États-Unis et l'Inde dépassent chaque année[1]. Des politiques devraient au cours des prochaines décennies être mises en œuvre pour arrêter la déforestation, reforester et améliorer la gestion des forêts. Mais on peut craindre que leurs bénéfices ne soient annihilés. Aux sécheresses à répétition s'ajoutera une perte de productivité – voire la disparition – de certains massifs forestiers au sein desquels les arbres sont affaiblis par la chaleur. Par ailleurs, ces massifs risquent d'être encore plus endommagés qu'aujourd'hui par des insectes ravageurs (les hivers n'étant plus assez froids pour tuer leurs larves) et par des agents pathogènes dont l'expansion est favorisée par ces hivers de plus en plus doux.

La France est vulnérable face au réchauffement climatique

La combinaison de ces effets adverses – incendies, sécheresses, maladies et multiplication des ravageurs

1. Brendan Byrne *et al.*, « Carbon emissions from the 2023 Canadian wildfires », *Nature*, vol. 633, p. 835-839, 2024.

comme les scolytes – a contribué en France à une diminution inédite de la capacité d'absorption du CO_2 par la végétation. En quelques années, les quantités absorbées par nos forêts ont été divisées par deux et elles ne représentent plus que 7 % de nos émissions, alors que notre pays affiche pour objectif d'augmenter ce puits de carbone de 50 % d'ici 2050. Cet objectif paraît inaccessible.

Les sécheresses provoquent également le retrait-gonflement des argiles : dans certaines régions, une rétraction des sols riches en minéraux argileux peut affecter les constructions en provoquant des fissures sur les façades et des déformations irréversibles. En France, les dommages liés à ce phénomène, en augmentation depuis une dizaine d'années, ont atteint 3 milliards d'euros en 2022[1]. C'est près de la moitié des coûts associés aux catastrophes dites « naturelles ». Certes, sécheresses, canicules, inondations, cyclones ont depuis toujours eu des conséquences désastreuses. Mais le réchauffement lié aux activités humaines se traduira par une augmentation très marquée de la fréquence et de l'intensité des sécheresses susceptibles de favoriser le retrait-gonflement des argiles qui, dans le futur, pourrait affecter l'ensemble du territoire français et amplifier ce phénomène dans les régions aux sols argileux.

1. CCR (Caisse centrale de réassurance), « Rapport scientifique 2024 », octobre 2024.

En France, a longtemps prévalu le sentiment que les conséquences du réchauffement climatique y seraient très limitées, qu'il serait facile de s'y adapter et qu'avec l'Europe, tout était mis en œuvre pour y faire face. Nous vivons il est vrai dans un climat tempéré, mais le réchauffement y est de 30 % supérieur à la moyenne planétaire, et les événements extrêmes peuvent causer de véritables désastres. À ceux déjà évoqués, nous pourrions ajouter les décès excédentaires liés aux canicules, les inondations qui ont duré plusieurs semaines en novembre 2023 et début janvier 2024 dans plusieurs territoires du nord de la France, la fragilité de certaines régions face à l'élévation du niveau de la mer, et, pour certains départements ultramarins, des cyclones dévastateurs comme en a connu Mayotte en décembre 2024. Quasiment tous les secteurs de notre économie – santé, ressources en eau, biodiversité et écosystèmes, agriculture, forêts, pêche, énergie et industrie, infrastructures et systèmes de transport, urbanisme et cadre bâti, tourisme, finances et assurances – sont plus ou moins affectés par le changement climatique et doivent s'y préparer en envisageant des mesures d'adaptation appropriées à un réchauffement qui, dans la seconde partie de ce siècle, pourrait atteindre, voire dépasser, +4 °C.

Des conséquences désastreuses à l'échelle planétaire

À l'échelle planétaire, la diminution des précipitations déjà observée dans certaines régions va se poursuivre avec le réchauffement climatique. Conjuguée à l'augmentation de l'évapotranspiration liée à celle des températures, elle entraînera une diminution de l'humidité des sols. D'après le GIEC, ce sera le cas sur le pourtour méditerranéen, le sud-ouest de l'Amérique du Nord, le sud de l'Afrique, le sud-ouest de l'Amérique du Sud, le sud-ouest de l'Australie et dans certaines régions tropicales, notamment le bassin amazonien et l'Amérique centrale. Les conséquences de ces sécheresses sont dramatiques. En témoigne celle qui a frappé l'Afrique australe en 2023. Liée au phénomène naturel El Niño, elle est considérée comme la plus sévère depuis au moins quarante ans, précipitant 27 millions de personnes dans la faim. La Zambie, mais aussi le Zimbabwe, le Malawi, le Lesotho et la Namibie, soit une part importante de la région, ont déclaré l'état de catastrophe nationale face au risque souligné par le Programme alimentaire mondial d'une « catastrophe humanitaire de grande ampleur[1] ».

1. Marion Douet, « En Zambie, une sécheresse historique qui dérègle la vie », *Le Monde*, 8/12/2024.

Au cours des cinquante dernières années, la productivité agricole a augmenté à l'échelle mondiale. Cependant, le réchauffement climatique a ralenti cette croissance – c'est le cas en France pour les rendements en blé – et cela devrait se poursuivre. S'y ajoute le fait que, dans certaines régions océaniques, la production alimentaire issue de la conchyliculture et de la pêche est affectée négativement par le réchauffement et l'acidification des océans. Il en résultera une pression accrue sur la sécurité alimentaire au cours des prochaines décennies. Des régions telles que l'Afrique subsaharienne et le sud et le sud-est de l'Asie y seront particulièrement vulnérables. Le réchauffement affecte aussi la qualité nutritive des aliments et augmente les risques de malnutrition.

L'élévation du niveau de la mer : une menace pour les îles et les régions côtières

L'atmosphère n'utilise qu'environ 1 % de la chaleur supplémentaire liée à l'augmentation de l'effet de serre. L'essentiel de cette chaleur, plus de 90 %, est absorbé par l'océan, avec comme corollaire une contribution inéluctable à l'élévation du niveau de la mer. La fonte des glaciers continentaux et des calottes glaciaires contribue elle aussi à cette élévation. Comprise entre quatre et cinq millimètres par an, elle est deux fois plus rapide qu'il y a une vingtaine d'années. Cette accélération va se poursuivre. Par rapport au début du XXe siècle, le niveau de la mer pourrait s'être élevé de près d'un mètre en 2100 avec des valeurs extrêmes auxquelles sont associées des submersions temporaires de plus en plus fréquentes à marée haute et pendant les grandes tempêtes.

Les risques spécifiques à l'élévation du niveau de la mer pourraient alors concerner un milliard de personnes. Cette élévation variera d'une région à l'autre. Elle pourrait être jusqu'à 30 % au-dessus de sa valeur moyenne dans l'océan Austral et autour de l'Amérique du Nord, ce qui contribuera à la fragilité de villes comme New York, mise en lumière lors de l'ouragan Sandy en 2012. En l'absence d'adaptation, cette élévation, même limitée à 50 centimètres, provoquerait un accroissement de la fréquence des inondations d'un facteur 10 à 100 dans de nombreux endroits. D'autres villes côtières très peuplées – Le Caire, Bombay, Dacca, Calcutta, Shanghai, Hanoï, Hô Chi Minh-Ville, Tokyo… – sont donc à risque d'ici la fin du siècle.

Des incertitudes subsistent quant au comportement futur des calottes glaciaires, en particulier celle de l'Antarctique de l'Ouest, région dont la topographie sous-glaciaire est favorable à une accélération de la perte de glace à mesure que la calotte se retire. En raison de ces incertitudes, des élévations de l'ordre de 1,5 mètre d'ici 2100, puis 5 mètres en 2150, ne peuvent pas être exclues dans le cas d'un scénario très émetteur. Certes le risque d'atteindre des niveaux aussi élevés est moindre si le réchauffement est limité à 3 °C mais ces chiffres sont très impressionnants.

À plus long terme, le niveau de la mer continuerait inéluctablement à s'élever de quelques mètres au cours des prochains siècles et plus à l'échelle millénaire. Ce sont des échéances très lointaines, mais ce que nous émettrons d'ici 2050 décidera très largement de l'évolution du niveau de la mer au cours des prochains siècles. Au-delà d'un certain seuil, la disparition de la calotte glaciaire du Groenland devient inéluctable et le risque d'instabilité de celle de l'Antarctique de l'Ouest augmente lui aussi avec le réchauffement ; 7 mètres d'élévation du niveau de la mer d'un côté, 4 à 5 mètres de l'autre, une addition très lourde.

Quelques siècles, un millénaire ; il serait tentant de passer sous silence des conséquences à si long terme. Et pourtant, un simple regard vers le passé illustre les impacts dévastateurs d'une élévation de quelques mètres, envisageable à échéance de plusieurs siècles. Sur des durées de cet ordre se sont construits en régions côtières tant de villes et villages à l'exceptionnel patrimoine architectural et culturel qu'il sera absolument impossible de les protéger sauf, au mieux, dans quelques sites. La cité de Venise et la basilique Saint-Marc, de plus en plus régulièrement inondées au moment des grandes marées, illustrent ce risque de façon emblématique ; le projet de digues qui a été lancé devrait retarder l'échéance mais, avec une élévation de quelques mètres, Venise risque d'être sous les eaux. Les statues de l'île de Pâques sont également menacées – les plateformes qui les supportent risquant d'être fortement endommagées. En France, c'est la ville d'Arles et ses monuments parfois vieux de plus de deux mille ans qui sont en danger – parmi les quarante-neuf sites culturels méditerranéens classés par l'Unesco menacés par la montée du niveau de la mer[1].

Le réchauffement climatique menace la nature qui nous entoure

De nombreuses autres conséquences affectent mers et océans. Ces derniers sont d'ores et déjà sujets à des vagues de chaleur dont la fréquence a doublé depuis 1982 et dont l'intensité croît avec l'augmentation des températures, jusqu'à +5 °C par rapport aux moyennes saisonnières. Elles seront cinquante fois plus fréquentes si les émissions continuent d'augmenter fortement, avec des conséquences extrêmement importantes sur la vie marine qui y est déjà sensible.

1. Lena Reiman *et al.*, « Mediterranean UNESCO World Heritage at risk from coastal flooding and erosion due to sea-level rise », *Nature Communications*, vol. 9, 2018.

Aujourd'hui, celle-ci est en outre affectée par une acidification qui résulte de l'absorption chaque année de 20 à 30 % de nos émissions de CO_2 et par la diminution de l'oxygène qui y est associée. L'acidité a déjà augmenté de 30 % par rapport au début du XXe siècle. D'ici la fin du siècle, elle pourrait avoir doublé avec des conséquences croissantes sur la vie marine, car l'acidification rend plus difficile tout ce qui se construit à partir de carbonates sous différentes formes. Face à cette triple pression – réchauffement et vagues de chaleur, acidification et désoxygénation –, la répartition et l'abondance de la faune et de la flore marines seront fortement affectées aussi bien dans les zones côtières qu'en haute mer et dans les profondeurs océaniques.

Le réchauffement climatique est déjà la troisième cause de perte de biodiversité après les changements d'usage des terres et de la mer, et l'exploitation directe de certains organismes[1]. Cet impact devrait augmenter dans les décennies à venir et pourrait devenir prédominant dans la seconde partie du siècle. Dans le cas d'un scénario émetteur, la vitesse maximale de migration des arbres, des plantes herbacées, des rongeurs et des primates pourrait alors

1. S. Díaz *et al.* (IPBES), « Summary for policymakers of the global assessment report on biodiversity and ecosystem services of the Intergovernmental Science-Policy Platform on Biodiversity and Ecosystem Services », IPBES secretariat, 2019.

être inférieure à la vitesse moyenne de déplacement des zones climatiques. À défaut d'une intervention humaine, ces espèces ne seraient pas en mesure de s'adapter au réchauffement ; la possibilité qu'elles se réfugient en altitude ne peut pas être exclue mais elle risque d'être très limitée. Même dans le cas d'un réchauffement global n'excédant pas +3 °C, le risque d'extinction de certaines espèces endémiques à risque pourrait au minimum décupler.

Des menaces sur la santé des populations

Plus de trois milliards de personnes vivent aujourd'hui dans des contextes très vulnérables au changement climatique. Cette vulnérabilité s'exacerbera avec le réchauffement. Ce sera le cas des villes dans lesquelles les conséquences des vagues de chaleur sont plus sévères. L'accès à l'eau deviendra de plus en plus difficile dans la plupart des régions subtropicales arides marquées par des sécheresses, avec des risques croissants pour la sécurité alimentaire. Les déplacements de population augmenteront avec l'intensification des fortes précipitations et des inondations associées, des cyclones tropicaux, de la sécheresse et, progressivement, de l'élévation du niveau de la mer.

De plus en plus de personnes feront face à des problèmes de santé. Il y a des limites que le corps humain ne peut pas supporter sur de longues périodes, car les mécanismes de refroidissement perdent toute efficacité si un seuil fatidique de température et d'humidité est franchi. Plus précisément, si la température « humide » dépasse un certain seuil, de l'ordre de 35 °C. Au-delà de ce seuil, les conditions sont invivables en ce sens qu'il est quasiment impossible de travailler ou d'avoir des activités sportives à l'extérieur. Et dans ces conditions, les risques de décès augmentent.

Ces températures « invivables » sont évoquées depuis quelques décennies, mais comme scénarios à relativement long terme. Or elles sont dès aujourd'hui réalité : début août 2023, en Iran, les conditions étaient telles que les autorités ont pendant deux jours déclaré l'arrêt quasi total du pays[1]. Le fait qu'à cette période elles faisaient face à une pénurie d'électricité a probablement joué un rôle dans cette décision, mais la vague de chaleur était inédite en Iran, avec des températures supérieures à 50 °C dans le sud du pays. De telles températures sont désormais atteintes, presque chaque été, dans certaines régions d'Inde ou du Pakistan.

Avec un réchauffement de 3 °C, une partie des populations vivant dans les régions tropicales et équatoriales ferait face à ces températures invivables

1. Ghazal Golshiri, « L'Iran à l'arrêt pendant deux jours alors que les températures s'approchent des 50 °C », *Le Monde*, 3/08/2023.

sur une partie de l'année et même sur toute l'année pour certaines d'entre elles. D'après un rapport de la NASA, d'ici trente à cinquante ans, plusieurs zones pourraient, du fait d'une température « humide » supérieure à 35 °C, devenir inhabitables. Ce pourrait être le cas, d'ici 2050, de l'Asie du Sud, du golfe Persique (Iran, Oman, Koweit), des pays bordant la mer Rouge (Égypte, Arabie saoudite, Soudan, Éthiopie, Somalie, Yémen). D'ici 2070, l'est de la Chine, une partie du Brésil et plusieurs États américains – l'Arkansas, le Missouri et l'Iowa – pourraient aussi être concernés.

Les risques de maladies d'origine alimentaire, hydrique et vectorielle sensibles au changement climatique devraient augmenter ; il en sera de même pour les problèmes de santé mentale, notamment l'anxiété et le stress, en particulier pour les enfants, les adolescents et les personnes âgées.

Les impacts du changement climatique devraient aggraver la pauvreté dans la plupart des pays en développement. De nouvelles poches de pauvreté se créeront, y compris dans des pays développés, au sein desquels les couches pauvres des populations risquent d'être particulièrement vulnérables au changement climatique. Et celui-ci peut accroître indirectement les risques de conflits violents, guerres civiles, violences interethniques : pauvreté, inégalités et crises économiques en sont souvent la cause.

Risques composites et points de bascule

Deux notions, celle de risques composites ou en cascade et celle d'irréversibilités et de points de bascule, sont de plus en plus largement évoquées. Ainsi, la concomitance de vagues de chaleur et de sécheresses favorise l'expansion des feux de forêt. Elle sera plus fréquente, comme le seront les événements extrêmes se produisant simultanément en plusieurs lieux, y compris dans des zones de production agricole ou dans des régions côtières vulnérables du fait de l'élévation du niveau de la mer.

Des réponses abruptes et des points de bascule du système climatique, tels qu'une forte augmentation de la fonte de la calotte glaciaire de l'Antarctique et le dépérissement des forêts, ne peuvent être exclus. Ce pourrait être le cas avant 2100 en Amazonie sous l'effet combiné de la déforestation et du changement climatique. La circulation méridienne océanique de l'Atlantique devrait s'affaiblir, mais des modifications abruptes de caractéristiques régionales du climat et du cycle de l'eau sont peu probables d'ici la fin du siècle.

Autre point de bascule souvent mentionné : celui d'émissions de gaz à effet de serre, de méthane en particulier, liées à la fonte du permafrost, ces sols gelés depuis des millénaires dans certaines régions. À noter cependant l'ampleur incertaine de ces émissions qui, dans tous les cas, devraient rester plus faibles que celles liées à nos activités.

Face à ces conséquences multiples et pour la plupart désastreuses, le constat est sans appel. Il faut tout faire pour éviter d'atteindre les +3 °C, encore plus de les dépasser. Certes il y a une capacité d'adaptation, mais l'efficacité de la plupart des solutions envisagées décroît avec l'intensité du réchauffement.

Limiter le réchauffement à +1,5 °C : un objectif largement justifié

L'accord de Paris s'est construit autour de cette même analyse des risques climatiques qui suggère qu'en deçà de +2 °C il devrait être possible de s'adapter, au moins pour l'essentiel… Nous verrons que revenir autour de +1,5 °C d'ici la fin du siècle est en pratique inenvisageable car il faudrait pomper d'énormes quantités de CO_2 de l'atmosphère. Et pourtant, cet objectif est pleinement justifié tant il serait plus facile de s'adapter à +1,5 °C qu'à +2 °C. Si le réchauffement était limité à +1,5 °C, et si l'élévation du niveau des mers pouvait ainsi être contenue à l'horizon 2100, alors dix millions de personnes ne seraient pas exposées à ses conséquences. La probabilité que l'océan Arctique soit libre de glace en été serait d'une fois par siècle à +1,5 °C, mais d'au moins une fois tous les dix ans à +2 °C. À +1,5 °C, 70 à 90 % des récifs coralliens disparaîtraient, alors qu'à +2 °C leur quasi-totalité, plus de 99 %, serait anéantie. Sur les continents, la perte de biodiversité et le risque d'extinction d'espèces seraient deux fois moindres à +1,5 °C qu'à +2 °C.

À +1,5 °C, les pertes de rendements pour les céréales comme le blé, le maïs ou le riz seraient également limitées. La part de la population mondiale exposée aux pénuries d'eau serait deux fois moins importante. Le nombre de personnes exposées aux risques climatiques et susceptibles de basculer dans la pauvreté pourrait être réduit de plusieurs centaines de millions. Il serait à l'évidence plus facile de s'adapter à +1,5 °C plutôt qu'à +2 °C, en particulier dans les régions les plus vulnérables. Face à ce constat, on peut affirmer qu'un dixième de degré, ça compte.

CHAPITRE 4

Mieux vaut ne pas trahir ses alliés

« Même un renoncement rapide aux combustibles fossiles n'empêchera pas un dérèglement général du climat si nous ne protégeons pas aussi le monde naturel. »

Johan ROCKSTRÖM,
The Guardian, 11 décembre 2023

« Restaurer l'environnement naturel et la biodiversité sera une composante vitale du combat contre le changement climatique et en faveur d'une planète hospitalière. »

Éditorial, *The Lancet Planetary Health,*
vol. 8, juillet 2024

Forêts

La forêt amazonienne est de loin la plus grande forêt tropicale au monde. Un peu plus de 60 % de sa superficie est en territoire brésilien. C'est le plus vaste réservoir terrestre (par opposition à marin) de biodiversité. Il y a quelques années encore, c'était aussi le plus puissant aspirateur terrestre de CO_2 : elle le stockait dans ses arbres et autres végétaux, et dans son sol, autour des racines.

Les « années Bolsonaro » – 2017 à 2022 – ont été un désastre pour la forêt amazonienne. N'y voyant qu'une formidable réserve de terres à convertir à l'agriculture et à l'élevage industriels, de bois à couper et de matériaux à extraire, le président Bolsonaro est revenu sur les dispositions juridiques qui garantissaient non seulement l'intégrité de la forêt, mais aussi la sécurité de ses seuls véritables protecteurs, à savoir les communautés indigènes qui l'habitent – ces dispositions représentant à ses yeux autant d'obstacles au développement économique du pays. Après avoir osé évoquer, devant une assemblée de notables des Églises évangéliques brésiliennes, une « solution finale au problème indien », il a mis son projet à exécution en encourageant des dizaines de milliers d'aventuriers – on les appelle les « garimpeiros » – à opérer (illégalement) comme chercheurs d'or dans les domaines forestiers que la Constitution réserve depuis 1988 aux communautés indigènes. Sans le moindre scrupule, ces hommes ont pollué les rivières, brûlé les arbres, violé les femmes et tué les hommes.

La communauté des Suruis, dans l'État de Rondonia au centre de l'Amazonie, est une des très rares à avoir résisté avec succès à l'envahissement, mais au prix de la destruction par incendies criminels d'un cinquième de son patrimoine forestier. Que cette communauté ait été visée démontre une volonté indiscriminée d'élimination des communautés indigènes. Les Suruis sont pourtant à l'opposé de la caricature qu'en ont fait Bolsonaro, ses ministres et ses alliés qui ne se privaient pas d'affirmer : « les indigènes sentent mauvais, ne sont pas éduqués et ne parlent pas notre langue ». Sous la conduite de leur chef Almir, formé à la fois aux connaissances ancestrales sur la forêt et à la biologie moderne dont il est diplômé, les Suruis mettent en œuvre des protocoles d'exploitation sélective et de régénération systématique de leur domaine forestier ; ils en tirent ainsi des revenus décents tout en assurant la pérennité des peuplements. Et parviennent à s'adapter aux conditions à la fois naturelles et économiques auxquelles ils sont confrontés, offrant sans doute le seul modèle capable de garantir la survie de la forêt. Voilà pourquoi Bolsonaro en a fait une cible, parmi d'autres.

Le mandat du président Bolsonaro s'est achevé sur un bilan catastrophique : 50 000 km^2 déforestés (2 millions d'arbres abattus), de 4 000 à 10 000 km^2 suivant les années, parcourus par des incendies le plus souvent d'origine criminelle, une hécatombe d'animaux sauvages (4 millions de singes, 90 millions d'oiseaux, un nombre inconnu mais inévitablement énorme d'invertébrés), alors que se sont multipliés les champs de soja et les ranchs d'élevage bovin. Ces atteintes à la forêt, conjuguées à une tendance persistante à la sécheresse (due à la fois à l'appauvrissement de la forêt et au changement climatique), ont une conséquence particulièrement dramatique : la forêt émet désormais plus de CO_2 qu'elle n'en absorbe. D'alliée du climat, on en a fait une ennemie.

La victoire de Luiz Inacio Lula da Silva à l'élection présidentielle de 2022 semble avoir changé radicalement le cours des choses en Amazonie : mise en œuvre effective de mesures de protection, coopération confiante avec les communautés indigènes. Mais le cauchemar Bolsonaro a resurgi sous une autre forme. Le Congrès national (Parlement) a neutralisé le veto du président Lula, en mobilisant plus des deux tiers des députés et sénateurs en faveur d'une loi qui dépouille les communautés indigènes des droits exclusifs sur leurs domaines forestiers que leur garantissait la réforme constitutionnelle de 1988. La majorité des députés et sénateurs qui ont voté en faveur de la loi ont part aux intérêts des grandes entreprises de l'agriculture et de l'élevage industriels, de l'exploitation forestière et minière.

L'adoption de cette loi illustre l'incapacité des élites du pouvoir et de la richesse à se préoccuper d'un au-delà de leurs intérêts, au bénéfice d'un intérêt général, aussi vital soit-il. Si cette loi était systématiquement appliquée, on ne pourrait plus compter sur l'Amazonie pour alléger le fardeau de l'adaptation qu'impose à l'humanité le changement climatique.

Il paraît illusoire de reporter ses espoirs sur les autres grandes forêts du monde, qu'elles soient boréales ou tropicales. Elles sont menacées elles aussi de disparition, par la scie et par le feu. Les autres grandes forêts tropicales sont soit dévastées par des guerres constamment relancées (en République démocratique du Congo), soit dépecées par des multinationales du bois, de l'agroalimentaire (huile de palme) ou en lien avec l'industrie automobile (en Asie du Sud-Est). Dans ce tableau très sombre, une tache de lumière se dessine là où l'on ne l'attendait pas : au sud du Mexique. Plus de la moitié des forêts mexicaines sont contrôlées, exploitées et entretenues par les communautés, en majorité indigènes, qui y résident et en vivent, c'est-à-dire plusieurs millions de personnes. Ces forêts brûlent moins, sont plus durables et abritent une biodiversité plus riche. Un écho aux Suruis du Brésil.

Océans

En se fondant sur le traité international de protection de la haute mer adopté aux Nations unies en juin 2023, il n'est pas irréaliste d'envisager de faire passer de 2 à 30 % la surface totale des réserves marines. Il s'agit de zones sans interférence humaine directe, où la pêche, la prospection et l'extraction minières, le rejet de déchets quels qu'ils soient, sont interdits. À l'abri des perturbations humaines, l'océan montre une capacité de régénération qui a heureusement étonné, aussi bien en ce qui concerne la dynamique des populations de poissons et d'invertébrés que le renforcement des écosystèmes supports de vie.

Callum Roberts et ses coauteurs[1] montrent aussi que, dans la mesure où certains facteurs de stress sur la vie marine sont, dans les réserves, supprimés ou atténués, l'adaptation à d'autres facteurs de stress, en particulier ceux provoqués par le changement climatique, y est moins difficile qu'ailleurs dans l'océan.

Certains bénéfices engendrés par les réserves marines se diffusent au-delà de leurs frontières, sur des surfaces parfois considérables. C'est particulièrement le cas de l'abondance en poissons et en invertébrés, qui profite alors à la pêche en zone non protégée. Aux Galapagos, les bénéfices vont à la faune, extraordinaire, des îles de l'archipel. Autour de celui-ci, la république de l'Équateur contrôle évidemment ses eaux territoriales, au-delà desquelles la pêche est ouverte à tous les pays. Face aux abus,

---

1. Callum M. Roberts *et al.* , « Marine reserves can mitigate and promote adaptation to climate change », *Proceedings of the National Academy of Sciences of the United States of America*, vol. 614, p. 6167-6178, 2017.

ceux de la Chine en particulier, le gouvernement équatorien a imposé le statut de réserve marine sur une superficie suffisante pour que les animaux de l'archipel en soient les principaux bénéficiaires.

Il ne faut cependant pas se faire d'illusions : ces développements positifs, aussi bienvenus soient-ils, ne contrebalancent pas la dégradation générale des océans, principalement par acidification et réchauffement de l'eau.

L'océan a, jusqu'à présent, rendu un service énorme, quoique trompeur, à l'humanité en absorbant 25 à 30 % des émissions de CO_2. Plus il y a de CO_2 dissous dans l'eau, plus celle-ci est acide et donc moins elle est compatible avec le métabolisme des êtres vivants : la formation des coquilles et squelettes devient de plus en plus difficile, la croissance et la reproduction des poissons sont inhibées, leur taille réduite.

L'océan absorbe aussi, proportion effarante, 90 % de la chaleur en excès sur une Planète soumise à l'effet de serre. Inévitablement l'eau se réchauffe, ce qui favorise les événements météorologiques extrêmes, comme les ouragans et les tornades marines. Plus grave encore, un phénomène est apparu depuis 2010, qui n'avait pas été observé auparavant : les canicules marines.

En Méditerranée, au cours des étés 2023 et 2024, au large des côtes italiennes, françaises et espagnoles, des courants chauds ont fait monter la température de l'eau au-delà de 30 °C. La vie marine en a été profondément perturbée ; quelques espèces ont profité de cette situation, en particulier les méduses, ce ne sont pourtant pas celles que l'on aimerait protéger ! Le long des côtes de Floride, des anomalies ont été observées. Aux pôles, les canicules marines sont d'une ampleur si stupéfiante qu'elles ne peuvent plus être qualifiées d'anomalies.

Biodiversité

Un sol sain et naturellement productif est un écosystème auquel des bactéries (en quantités impressionnantes, jusqu'à 1 500 kg/ha) apportent une contribution décisive : elles en garantissent le bon fonctionnement en assurant la décomposition de la matière organique morte et le recyclage des éléments nutritifs qu'elle contient. Des bactéries plus spécialisées (rhizobia) se développent sur les racines de certaines plantes ou de certains arbres (légumineuses, acacias, aulnes, argousiers). Elles captent l'azote atmosphérique (N_2) et le transforment en ammoniaque (NH_3) assimilable par la plante d'accueil et par les voisines de celle-ci ; leur croissance ne dépend donc pas d'apports artificiels d'azote.

Ces bactéries, comme d'autres qui par exemple purifient l'eau, sont des alliées clés de l'agriculture conduite selon des techniques agroécologiques. Elles sont, en revanche, volontairement oblitérées par la chimie de laquelle dépend l'agriculture industrielle, qui est à la source de pollutions sévères, notamment l'émission dans l'air d'oxyde nitreux (N_2O), un gaz à effet de serre deux cent quatre-vingts fois plus virulent que le CO_2. Cependant, les bactéries ne sont pas confinées aux travaux agricoles. À l'université d'Édimbourg, une bactérie a récemment été identifiée : elle traite les déchets électroniques et photoniques contenant des métaux rares qu'elle extrait sélectivement.

Situés sensiblement plus haut dans l'échelle des espèces, certains insectes méritent d'être reconnus et traités comme des alliés de première ligne. Ils sont au contraire agressés avec violence. Ainsi l'industrie chimique a-t-elle inventé et promu les néonicotinoïdes, ces insecticides qui détruisent le système nerveux des pollinisateurs, sans lesquels les trois quarts des plantes à fleurs ne peuvent pas se reproduire. Quant aux scarabées, où existent-ils encore ? L'élevage industriel ne sait pas utiliser leur efficacité à traiter et à recycler les déjections animales. Et là où leur action s'exerce à grande échelle, en particulier dans les forêts tropicales, ils ne survivent pas à ces cataclysmes que sont les déforestations de masse et les incendies que l'on n'arrive plus à maîtriser. « Si les insectes venaient à disparaître, notre environnement ne serait plus que chaos », avait averti Edward

O. Wilson, le célèbre biologiste de Harvard, surnommé le père de la biodiversité. Nous n'en sommes peut-être plus si loin.

Peut-être les insectes ne sont-ils pas assez visibles (à l'exception des abeilles) pour que nous reconnaissions en eux des alliés évidents. Mais que dire des oiseaux ? Qu'ils soient beaux ou laids à nos yeux, certains oiseaux constituent de formidables partenaires, dont on ne peut se passer. Le (beau) toucan de la forêt amazonienne, en dispersant les graines des fruits qu'il prélève sur certains arbres, est un agent de reforestation et de restockage du carbone dans les zones rasées ou incendiées. Malheureusement, outre le fait qu'il est chassé illégalement, il est de plus en plus souvent pris au piège des incendies dont il aurait pu réparer les effets. Le (laid) vautour est, dans de nombreux pays où les services d'hygiène et de santé sont déficients, un auxiliaire de santé incomparable. Il se nourrit sur des carcasses d'animaux morts qu'il nettoie méticuleusement. Son organisme fabrique de puissants acides qui tuent les pathogènes proliférant sur les cadavres. Au lieu d'être reconnu pour les services qu'il nous rend, le vautour est souvent victime d'ignorance et de négligence. En Afrique, des résidus de produits vétérinaires administrés aux animaux d'élevage se sont révélés mortels pour les vautours. Il nous a fallu longtemps pour le comprendre, et même élucidée, cette expérience africaine n'a pas profité aux Indiens qui eux aussi ont empoisonné leurs vautours. Des pathogènes virulents se sont diffusés dans la population – diffusions favorisées par des événements météorologiques associés au changement climatique – et sont, d'après une étude publiée dans l'*American Economic Review*[1], directement responsables de plus d'un demi-million de décès.

Le destin des insectes et des oiseaux tel qu'illustré ici est emblématique d'un immense mouvement d'annihilation des espèces, poliment appelé « érosion de la biodiversité ». Le changement climatique, une pollution omniprésente, l'agriculture industrielle, la déforestation, la surpêche sont au premier rang des accusés. Comment l'humanité a-t-elle favorisé la diffusion de ces cancers ? « Ceux que Zeus veut perdre, il les rend fous. » Se pourrait-il que Zeus veuille perdre l'humanité en la tournant contre ses alliés naturels, alors que la menace climatique les rend plus précieux que jamais ?

---

1. Eyal Frank, Anant Sudarshan, « The Social Costs of Keystone Species Collapse: Evidence from the Decline of Vultures in India », *American Economic Review*, vol. 114, n° 10, p. 3007-3040, 2024.

CHAPITRE 5

Prédateurs et résistants

Prédateurs

La porta dell'Inferno : quelques repères

> « C'est par moi qu'aux tourments éternels on arrive,
> C'est par moi qu'on arrive à l'infernal séjour. »
>
> Dante ALIGHIERI,
> *La Divine Comédie, L'Enfer.*

En 2023, la Chine a ajouté 106 GW de puissance électrique à son parc de centrales au charbon, soit l'équivalent de deux centrales de forte puissance chaque mois.

La même année, aux États-Unis, 12,4 millions de barils par jour (b/j) d'hydrocarbures ont été extraits (contre 11,9 en 2022). C'est un niveau record au terme d'une période de croissance presque continue depuis les

5,7 millions de b/j extraits en 2011. Les États-Unis se trouvent ainsi en tête de tous les producteurs mondiaux d'hydrocarbures, devant la Russie et l'Arabie saoudite.

À la croisée, le mauvais chemin

En 2015, des journalistes et des scientifiques ont découvert des documents internes démontrant que dès les années 1975-1980, la direction d'Exxon savait que l'utilisation à grande échelle des combustibles fossiles engendrerait un réchauffement du climat « aux effets dramatiques attendus avant 2050 ». Des chercheurs travaillant au sein de l'entreprise ont su tôt prédire l'ampleur et le rythme de ce réchauffement avec une précision comparable à celle des meilleurs travaux académiques.

De ces résultats, formulés sans ambiguïté par ses propres chercheurs, la direction d'ExxonMobil a tiré deux conclusions :

- Ceux-ci devraient rester strictement confidentiels ; la direction a usé d'arguments suffisamment convaincants pour que les chercheurs concernés acceptent le secret.
- La communication externe de l'entreprise devrait prendre le contre-pied et persuader autorités et opinions publiques que rien ne justifie de restreindre la production et la consommation des combustibles fossiles.

Les méthodes de communication utilisées ont été astucieusement conçues et cyniquement mises en œuvre. ExxonMobil et d'autres entreprises productrices de combustibles fossiles, ainsi que des entreprises actives dans des secteurs qui en dépendent (automobiles, production d'électricité), ont ainsi incité à et financé la création de centres de recherche fictifs aux noms évocateurs, tels que : American Council on Science and Health, Natural Resources Stewardship Project, Greening Earth Society, etc. Accueillis dans ces centres, des scientifiques en mal d'argent ou de visibilité médiatique ont produit des documents en apparence pertinents et multiplié les interventions radiotélévisées. Ils avaient pour mission de dénigrer la science véritable et de lui substituer une fausse science lénifiante. Sur l'opinion publique, ces campagnes de désinformation ont eu une influence indéniable : si en 2006 la moitié des Américains reconnaissaient que les activités humaines étaient les principales responsables du changement climatique, en 2010 ils n'étaient plus qu'un tiers, trop peu pour peser efficacement en faveur d'une politique climatique d'ampleur. Quant aux politiciens, la plupart d'entre eux ne demandaient qu'à croire ce qui les dispensait de s'attaquer à un problème majeur.

En même temps qu'un pouvoir économique dominant organisait la désinformation sur le changement climatique, le pouvoir politique se détournait avec emphase du problème. Les années 1980 sont celles des deux mandats successifs du président Ronald Reagan, pendant lesquels les enjeux d'environnement et de climat ont été pour la plupart ignorés, voire dénigrés.

Cette hostilité n'a pas été systématique, comme l'a montré le président Jimmy Carter. En 1977, son conseiller scientifique, un géophysicien, attirait l'attention du président sur les perspectives inquiétantes de changement climatique. Aussitôt réceptif, Jimmy Carter a demandé qu'un groupe de travail de l'Académie nationale des sciences lui fournisse une évaluation de la situation. Dans le texte, remis en 1979, figure une recommandation qui aurait dû constituer la pierre angulaire d'une politique lucide du climat :

> « Le système climatique réagit avec un certain délai. Pour cette raison, ce qui pourrait passer pour une approche prudente, à savoir attendre pour agir de disposer d'une information complète, est en réalité une stratégie extrêmement risquée. Un état déjà avancé de changement climatique pourrait nous prendre par surprise[1]. »

Aucun président n'a pris le relais de Jimmy Carter en matière climatique, après son échec à l'élection de 1980 face à Ronald Reagan. Ceci n'est qu'une anecdote, mais elle est significative : pendant son mandat présidentiel, Jimmy Carter avait fait installer des panneaux solaires sur le toit de la West Wing à la Maison Blanche. Aussitôt élu président, Ronald Reagan les a fait enlever.

1. Voir *op. cit.*, p. 15.

Les combustibles fossiles restent dominants dans l'offre de ressources énergétiques. Les structures économiques et politiques, qui leur sont favorables, en tirent profit et pouvoir. Malgré des coûts de production qui sont maintenant tout à fait compétitifs, les énergies renouvelables ne dégagent pas les moyens financiers d'une croissance suffisamment profitable et rapide. Comme l'écrit Brett Christophers déjà cité[1] : « Sauver la planète n'est pas suffisamment profitable. »

La dégrader l'est. L'assise des entreprises responsables de la dégradation de la Planète est évidemment financière, avec une part minoritaire constituée des profits et amortissements des entreprises elles-mêmes, et une part majoritaire constituée de prêts et participations bancaires. Les prêts et participations bancaires ont été soigneusement reconstitués par des chercheurs britanniques pour l'année 2019. Le résultat consolidé est incroyable, et pourtant véridique : les cinquante plus grandes banques internationales ont investi en 2019 plus de 2 600 milliards de dollars dans des opérations responsables de la destruction de sites à haute valeur écologique[2].

1. Brett Christophers, *The Price is Wrong…*, *op. cit.*
2. Collectif d'investigateurs, « Bankrolling Extinction », Portfolio Earth, 2020.

Ce biais est puissamment amplifié par des méthodes de désinformation et de lobbying qui ont fait leurs preuves sur la réalité de la dégradation du climat, et qui sont désormais appliquées aux énergies décarbonées. Dès 1980, les entreprises d'énergies fossiles ont fait le siège des autorités publiques chargées des politiques énergétiques pour les dissuader de contribuer au financement des énergies renouvelables, en invoquant la nécessaire neutralité entre sources d'énergie alors qu'elles-mêmes faisaient – et avec succès – la chasse aux subventions publiques.

Cette idée, largement indifférente à l'état de la Planète, d'une prééminence économique et financière (voire morale aux yeux de certains) de leurs activités, est ancrée dans l'esprit et dans les comportements des dirigeants et gestionnaires des entreprises de combustibles fossiles. Ils forment des collectifs soudés, non seulement par des avantages matériels substantiels, mais aussi – et c'est un facteur qu'il ne faut pas sous-estimer – par une construction idéologique qui structure et justifie les objectifs et les activités de leurs entreprises. Pour les membres de ces collectifs, rompre le lien est extrêmement coûteux matériellement et psychologiquement. Comme l'ont mis en évidence des psychologues renommés, le sentiment et le besoin d'appartenance (*belonging*) sont de puissants facteurs de cohésion[1].

---

1. Roy F. Baumeister, Mark R. Leary, « The Need to Belong: Desire for Interpersonal Attachments as a Fundamental Human Motivation », *Psychological Bulletin*, vol. 117, p. 497-529, 1995.

Il n'est pas étonnant que des applaudissements enthousiastes aient salué l'intervention d'Amin Nasser, président de Saudi Aramco à la CERAWeek 2024 (conférence annuelle à laquelle participent les dirigeants mondiaux du secteur de l'énergie) qui se concluait par ces mots :

> « Nous devrons abandonner le fantasme de mettre fin au pétrole et au gaz et plutôt investir [dans cette industrie] pour répondre à la demande. »

Dans ce contexte, les enjeux d'intérêt public sont évacués ou, plus exactement, l'idée d'une convergence entre l'action de l'entreprise et l'intérêt public est donnée par l'illusion que « servir la demande » est d'intérêt public. En outre, concernant les circonstances qui affecteront l'avenir de l'entreprise et son environnement ainsi que sa capacité à les maîtriser, beaucoup de dirigeants et gestionnaires sont prisonniers de biais cognitifs identifiés par le lauréat Nobel Daniel Kahneman dans son livre *Thinking, Fast and Slow* : halo d'optimisme, illusion de perspicacité[1].

Pour protéger et renforcer leurs positions, les entreprises emploient des méthodes musclées. De

1. Daniel Kahneman, *Thinking, Fast and Slow*, Penguin, 2011 : « Cognitive bias in which one displays overconfidence in the accuracy of one's judgements » (biais cognitif caractérisé par une confiance excessive en la validité de son jugement personnel).

la désinformation, il a déjà été question (déformation des résultats de la science et des performances des énergies décarbonées). Le recours au lobbying est lui aussi généralisé et agressif. Il s'apparente à de la corruption lorsqu'il s'agit d'obtenir le concours de législateurs, à quelque niveau que ce soit, en contrepartie de contributions au financement de leurs campagnes électorales. La mobilisation de lobbyistes nombreux, bien introduits, véritables professionnels de l'influence et de la pression, est systématique et bénéficie de budgets importants. Certains sont allés jusqu'à intervenir au Vatican avec pour objectif d'influencer la rédaction de l'encyclique *Laudato si'*, dont le pape François s'est néanmoins assuré de la cohérence écologique. Dans ce cas, la tentative a échoué.

Dans de nombreux pays producteurs de combustibles fossiles où les institutions démocratiques sont fragiles ou inexistantes, la corruption des « élites » dirigeantes garantit la fluidité des opérations d'exploitation et la réalisation sans à-coups des profits escomptés. Il s'avère beaucoup moins coûteux d'arroser un petit nombre de dirigeants, leur famille et leur clique, que de satisfaire les responsables d'institutions représentatives aiguillonnés par leurs bases. Avantage annexe : les forces de sécurité d'un régime autoritaire protègent la bonne exécution des accords passés entre les entreprises et les détenteurs du pouvoir, la répression des contestataires étant ainsi assurée. Le meurtre d'opposants à des projets poursuivis par les entreprises est relativement rare dans le secteur des combustibles fossiles. C'est un instrument beaucoup plus fréquemment utilisé par des entreprises traitant d'autres ressources naturelles, en particulier forestières et minières.

Les entreprises énergétiques ne sont pas les seules à déployer un lobbying imaginatif et acharné. Les grands de l'agrochimie européenne – BASF, Bayer, Corteva, Syngenta, etc. – ont créé un instrument de lobbying très actif dans la promotion des produits phytosanitaires. Il s'agit de Phyteis, ex-Union des industries de la protection des plantes (UIPP) jusqu'en 2022. Exagérer l'efficacité de ces produits et minimiser les dangers que leur emploi fait courir – d'abord aux agriculteurs, mais plus largement en termes de santé publique – font évidemment partie de ses missions. Ces routines semblent n'avoir parfois aucune limite, comme en témoigne l'exemple qui suit.

Certaines des entreprises engagées dans Phyteis continuent à fabriquer des pesticides interdits en Europe du fait de leur toxicité. La vente de ces produits en Afrique et en Amérique latine est très profitable pour les producteurs. Pour contribuer à la répression de ces pratiques, le Parlement français a introduit dans une loi sur l'alimentation (promulguée le 30 octobre 2018) l'article 83 interdisant la production, le stockage et la circulation sur le territoire national des produits incriminés.

La riposte de l'UIPP (Phyteis) a surpris par son impudence : elle a contesté la constitutionnalité de l'article 83 au nom de la « liberté d'entreprendre, protégée par la déclaration des droits de l'homme et du citoyen ». Le Conseil constitutionnel ne l'a pas prise au sérieux. En revanche, des menaces de fermetures d'usines et de pertes d'emplois industriels sur le territoire national ont alerté le ministère de l'Économie et des Finances. Résultat : le cabinet du ministre a, au cours de l'examen d'une loi sur le développement économique du pays, discrètement introduit un amendement abrogeant l'article 83 ; et tant pis pour la santé des agriculteurs africains et latino-américains. Ce dénouement illustre un des principes fondamentaux du lobbying. Quand un chemin se révèle être une impasse, ne pas renoncer, mais en explorer d'autres parmi lesquels il y en aura bien un qui conduira au succès. C'est cynique mais ça garantit les profits.

Champion national

C'est un dirigeant d'ExxonMobil qui s'en félicite : « Obiang est raisonnable. » Teodoro Obiang est président de la Guinée équatoriale depuis 1979. Arrivé au pouvoir par un coup militaire, il a été régulièrement réélu depuis, toujours avec plus de 90 % des voix. Tout au long des vingt années durant lesquelles des gisements particulièrement productifs ont été exploités dans les eaux territoriales du pays, Obiang s'est vu verser, à lui-même ainsi qu'aux membres de sa famille et de sa clique, 20 milliards de dollars[1]. Quant au peuple de Guinée équatoriale, il était pauvre avant la découverte du pétrole, il l'est davantage encore aujourd'hui : un exemple de plus de ce qu'on appelle la malédiction des ressources naturelles.

En Ouganda où, émulant son grand frère Exxon-Mobil, TotalÉnergies amorce une des plus grosses bombes « carbone » annoncées pour les dix ans à venir, le président Yoweri Museveni n'est au pouvoir que depuis 1986. Il est assez habile pour ajuster ses majorités à 60-70 % aux élections qui le maintiennent dans ses fonctions. Et il n'est assurément ni aussi gourmand ni aussi brutal que son homologue de Guinée équatoriale. Alors que Teodoro Obiang a été accusé en 2000 par la Commission des droits de l'homme des Nations unies de superviser personnellement les tortures infligées à des opposants politiques, jamais Yoweri Museveni ne s'impliquerait de cette manière ; ses forces de sécurité se chargent d'entretenir la peur au sein de la population. Les Ougandaises et Ougandais qui luttent pour l'environnement et le climat ont beau éviter soigneusement tout engagement politique partisan, ils se sentent en danger permanent : ils peuvent à tout moment être accusés de saboter le développement économique du

1. Voir le chapitre 8 de l'ouvrage de Rachel Maddow, *Blowout*, The Crown Publishing Group, 2019.

pays et être emprisonnés pour trahison. Ils illustrent le diagnostic formulé par Laurence Caramel dans un article paru dans *Le Monde*, titré : « En Ouganda, le pétrole de Total impose le silence et la peur[1]. »

Sur le terrain, le projet consistera en l'exploitation de gisements prometteurs situés dans la région du lac Albert, près de la frontière de l'Ouganda avec la République démocratique du Congo. Le pétrole extrait sera transporté dans un oléoduc long de 1 445 kilomètres jusqu'au port de Tanga en Tanzanie ; la viscosité naturelle de ce pétrole obligera à chauffer en permanence l'oléoduc à 50 °C pour maintenir une fluidité suffisante. Dans toutes ses composantes, l'entreprise est d'envergure. Rien qu'à l'intérieur du parc national des Murchison Falls (la « perle de l'Afrique », telle que décrite par Winston Churchill au terme d'une visite en Afrique centrale), 140 puits sont planifiés : ils ne feront pas bon ménage avec une des concentrations les plus diversifiées d'animaux africains emblématiques. Quant aux travaux d'implantation de l'oléoduc, ils endommageront des dizaines de sites naturels, notamment forestiers. Une fois en service, l'oléoduc ne sera pas à l'abri d'un « incident d'exploitation », comme en connaissent de nombreux oléoducs dans diverses parties du monde : si pareil incident se produisait sur la section qui doit longer le lac Victoria, c'est alors la principale réserve d'eau d'Afrique centrale qui serait polluée.

1. Laurence Caramel, *Le Monde*, 26/11/2021.

Réaliser un projet d'une telle ampleur amène à faire place nette partout où les principales infrastructures doivent être implantées. Dans les zones inhabitées, c'est la nature qui souffre ; ailleurs ce sont des habitants déplacés, chassés de leurs modestes exploitations agricoles dans des conditions souvent indignes. 100 000, 150 000 personnes déplacées ? Celles qui l'ont déjà été sont peu ou ne sont pas indemnisées, elles sont privées de leurs moyens traditionnels d'existence, et nombre d'entre elles sont au bord de la famine.

Détruire les habitats d'animaux que beaucoup souhaitent passionnément conserver, prendre le risque de polluer des réserves d'eau essentielles pour l'Afrique centrale, multiplier les drames humains, tout cela pour extraire et transporter un pétrole que l'humanité ne peut plus se permettre d'utiliser si elle veut assurer sa survie, est-ce bien rationnel ? Pour Total, manifestement oui. Mais la rationalité de Total est à l'opposé de la rationalité la plus élémentaire, qui consiste pour l'humanité à éviter de détruire les conditions de sa propre survie.

Pourtant Total veut nous convaincre de sa compassion. Le 4 janvier 2024, le géant français, en général discret sur la conduite de son projet en Ouganda, fait une annonce. Les travaux vont-ils être arrêtés ? Tout va-t-il au moins être fait pour en atténuer les effets les plus dommageables ?

Non. Total annonce simplement la mise en place d'une mission d'évaluation confiée à Lionel Zinsou, ancien Premier ministre du Bénin : « Alors que le processus d'acquisition foncière touche aujourd'hui à sa fin, cette mission évaluera les procédures d'acquisition foncière mises en œuvre, les conditions de consultation, d'indemnisation et de relocalisation des populations [...] et proposera le cas échéant des actions complémentaires. »

Rien de plus, apparemment, qu'une évaluation post mortem, avec peut-être, indirectement, la porte entrouverte à des indemnisations améliorées. Cependant, qui connaît les pratiques locales sait que les indemnisations éventuelles iront surtout dans les poches de fonctionnaires locaux et autres intermédiaires bien placés. En tout état de cause, la mèche de la bombe carbone continue à brûler.

Autorités publiques : ambiguïté ou hostilité

Toutes ces déviances pourraient être redressées par des autorités publiques clairvoyantes et déterminées. Hélas, en matière de protection de la Planète, les autorités publiques le sont rarement. Comme l'écrivent Mary Robinson et Max Tegmark[1] :

1. Mary Robinson a été présidente de la République d'Irlande, puis Haut-Commissaire des Nations unies aux droits de l'homme. Elle est actuellement présidente de l'association The Global Elders

« Qu'il s'agisse de leaders autoritaires ou de chefs d'État élus dont les yeux sont rivés sur le prochain scrutin, trop de personnes en position d'autorité sont davantage susceptibles d'être guidées par leurs propres intérêts et leurs calculs à court terme que par l'épanouissement durable de celles et ceux qu'elles gouvernent. Le contraste entre la gravité de notre situation et la légèreté de la plupart des réponses politiques ne pourrait être plus frappant[1]. »

Légèreté, assurément, mais aussi indifférence (il y a toujours une autre priorité en travers du chemin), hostilité (comme l'a récemment illustré l'abandon par l'Union européenne des projets de loi portant sur la restauration d'espaces naturels, lesquels sont interprétés par une majorité d'États membres comme des obstacles au développement économique). Et quand il y a préoccupation véritable, celle-ci reste le plus souvent inopérante, car noyée dans une schizophrénie tenace.

Ainsi le président Biden a-t-il fait voter par le Congrès la loi la plus favorable à une transition écologique jamais adoptée aux États-Unis, tout en

---

que Nelson Mandela a fondée pour que des femmes et hommes d'État éminents à la retraite puissent faire entendre leurs voix à propos d'enjeux planétaires. Max Tegmark est professeur de cosmologie au MIT et président du Future of Life Institute.

1. Mary Robinson, Max Tegmark, tribune publiée le 19/03/2024 dans *Le Monde*.

accordant de nouvelles concessions d'explorations et d'exploitations pétrolières à une échelle qu'aucun de ses prédécesseurs, pas même Donald Trump, n'avait envisagée. La majorité des Américains ne lui donnent pas tort ; ceux qui sont relativement favorisés ne veulent pas renoncer aux aspects même dommageables de l'*American way of life*, les moins favorisés ne veulent pas se voir imposer davantage de contraintes. Au cours du deuxième mandat du président Trump, il n'est plus question d'ambiguïté, mais d'une hostilité obsessionnelle qui fixera les États-Unis sur une trajectoire toxique.

À la soixante-quinzième session de l'Assemblée générale des Nations unies, le 22 septembre 2020, le président chinois Xi Jinping s'est adressé en ces termes aux représentants nationaux réunis :

> « La Covid-19 nous enseigne [que] l'humanité a besoin d'une autorévolution pour accélérer la transition vers un mode de développement et de vie vert, protéger l'environnement et construire une belle planète Terre. »

Il ne s'agit pas seulement d'une déclaration de circonstance : le président Xi sait que son pays est particulièrement vulnérable aux dérèglements naturels, à la raréfaction des ressources en eau et en sol fertile, aussi bien qu'aux manifestations dévastatrices du changement climatique. Mais il ne peut pas et ne veut pas renoncer au modèle de croissance économique qui prévaut depuis le début du siècle, croissance qui exige toujours plus d'énergie, d'énergie renouvelable... mais surtout du charbon. C'est d'ailleurs ce qu'attendent de lui la majorité des Chinois, certes inquiets des dégradations de l'environnement et du climat, mais aussi schizophrènes que leur président.

Dans aucun pays, à l'exception sans doute du Costa Rica, les responsables n'ont été capables de concevoir, encore moins de mettre en œuvre, une dualité cohérente – et non pas contradictoire – entre d'une part décroissance maîtrisée des secteurs dont l'activité est incompatible avec la santé de l'humanité et de la Planète, et d'autre part croissance, aussi rapide que possible et nécessaire des activités constitutives d'une transition écologique et économique.

L'ambiguïté (qu'un éditorial du journal *Le Monde* paru le 31 octobre 2023 appelle « dissonance cognitive ») est en fait une forme de perversité potentiellement mortelle et n'est pas réservée à quelques pays dominants, elle est au contraire très répandue :

> « L'enquête que publie *Le Monde* [...] à partir du travail de deux ONG françaises sur 422 mégaprojets d'extraction de combustibles fossiles met en lumière la dissonance cognitive des États, qui continuent d'autoriser ces projets tout en se disant engagés dans la transition énergétique [...] Les catastrophes climatiques qui s'accumulent au fil des années ont déjà

donné un avant-goût du potentiel destructeur de cette trajectoire[1]. »

Ces projets, on les appelle familièrement « bombes climatiques » ou « bombes carbone ».

Résistants

En Europe, des actions spectaculaires de protestation contre la domination des combustibles fossiles et de l'alimentation industrialisée ont été conduites par des groupes de quelques dizaines ou centaines de militants, en particulier Letzt Generation en Allemagne et en Italie, Extinction Rebellion et Just Stop Oil au Royaume-Uni, Riposte alimentaire en France. Ils cherchent à sensibiliser le public, et à faire pression sur les pouvoirs publics et sur certaines entreprises avec l'espoir de réorienter leurs décisions. Leurs modes opératoires les plus courants sont d'une part de bloquer des axes routiers et des infrastructures énergétiques, et d'autre part de mettre en scène dans de grands musées des actes de pseudo-vandalisme spectaculaires, mais sans dommage pour les tableaux visés. Ainsi ont été aspergées de soupe ou de purée les vitres

1. Éditorial, « "Les bombes carbone" menacent la lutte contre le réchauffement climatique », *Le Monde*, 31/10/2023.

protégeant respectivement *La Jeune Fille à la perle* de Vermeer (Mauritshuis, La Haye), *Les Tournesols* de Van Gogh (National Gallery, Londres) et même *La Joconde* (Louvre, Paris) ; trois interventions sur un total de quarante environ.

Ces actions ont été aussi largement visibles – sur les réseaux sociaux en particulier – que leurs auteurs l'avaient espéré. Mais visibilité ne signifie pas message partagé : ce qui semble a posteriori le plus partagé, c'est un certain dégoût. Des enquêtes d'opinion montrent que les causes défendues ont plutôt pâti de ce mode d'intervention. Et la saturation semble s'installer : le 10 mai 2024, à la British Library de Londres, la vitrine abritant l'exemplaire authentique de la Grande Charte a été attaquée au marteau par deux *old ladies* de plus de 80 ans – c'est à peine si la presse en a rendu compte.

Aux États-Unis, on les appelle les *outrageous* : les membres de l'organisation Climate Defiance. Ils ont réussi quelques jolis coups, comme humilier publiquement le patron d'ExxonMobil, ou se confronter physiquement au sénateur Joe Manchin, propriétaire de mines de charbon en Virginie de l'Ouest. Des interruptions de représentations théâtrales ou de compétitions sportives ont été moins appréciées, mais elles sont plus faciles à organiser, alors que des personnalités politiques ou économiques peuvent aisément s'assurer de ne pas être piégées deux fois.

Ces actions visent à faire prendre conscience : de ce point de vue, le bilan est maigre.

Sans doute, pensent certains, faut-il des actions plus vigoureuses pour avoir véritablement un impact. C'est la thèse défendue par un universitaire suédois, Andreas Malm, dans son livre *How to Blow Up a Pipeline*[1]. Ce livre a inspiré le film du même nom, qui a été bien accueilli par la critique mais n'a guère attiré le public. Deux militantes ont anticipé les suggestions du livre en s'attaquant à un pipeline au Texas. Elles sont à peu près les seules à s'en souvenir, au fond de leur cellule dans une prison de l'État.

Ces initiatives ont malencontreusement servi de prétexte et d'amorce, des deux côtés de l'Atlantique, à des poussées de criminalisation de toutes les formes de défense du climat et de l'environnement ; des militants sont même dénoncés et poursuivis comme écoterroristes : à Londres une protestataire octogénaire a été emprisonnée parce que ses membres étaient trop fins pour qu'on y pose des bracelets électroniques et qu'il ne pouvait être question de la laisser courir librement. La tentation est forte pour des autorités publiques, impuissantes à conjurer les menaces climatiques, de « tuer » les messagers de mauvaises nouvelles. Sophocle (*Œdipe roi* : « Ne tuez pas le messager ») et Shakespeare (*Henry IV* : « Don't

1. Andreas Malm, *Comment saboter un pipeline*, La fabrique, 2020 ; *How to Blow Up a Pipeline*, Verso Books, 2021.

shoot the messenger ») ont du mal à convaincre de la perversité et de la stupidité de ces choix.

Aujourd'hui pourtant, l'humanité est confrontée à la perspective d'une Planète invivable et les agressions écologiques et climatiques ne sont pas moins dévastatrices que des guerres : cortèges d'inondations, de vagues de chaleur, d'incendies, de pertes de récoltes génératrices de famines, d'épidémies, de déplacements massifs de populations, d'inversions des effets (de bénéfiques à négatifs) des océans et des forêts. On prévoit que, dans ces conditions, l'activité économique diminuera d'ici 2050 d'au moins 38 000 milliards de dollars par an[1]. (Pour 2023, le PIB mondial a été estimé à 105 435 milliards de dollars.)

Aucune institution, privée ou publique, impliquée dans pareils désastres ne peut survivre, pas plus que n'a survécu la Russie impériale en 1917. Quant aux victimes, plus largement, plus efficacement et plus vite elles seront mobilisées, plus grandes seront leurs chances de survie dans des situations où il leur faudra tout reprendre en main.

Quelques résultats, significatifs mais épars, ont été obtenus dans cette perspective, au terme de procédures juridiques laborieuses. Aux Pays-Bas,

1. Maximilian Kotz *et al.*, « The economic commitment of climate change », *Nature,* vol. 628, p. 551-557, 2024.

886 citoyens associés à la fondation Urgenda ont obtenu trois jugements favorables successifs, le dernier rendu par la Cour suprême. Celle-ci a définitivement condamné l'État pour ne pas avoir adopté des mesures proportionnées aux perspectives du changement climatique, et lui a ordonné de modifier sa politique pour apporter les remèdes nécessaires. L'État, comme il convient dans un pays démocratique, a obtempéré de façon jugée satisfaisante. Des jugements similaires ont été rendus en Allemagne et en France, respectivement par la Cour constitutionnelle et le Conseil d'État. Cependant l'exécution y est plus laborieuse qu'aux Pays-Bas, particulièrement en France, bien que dans ce pays les actions en justice aient été soutenues par plus de deux millions de signataires du retentissant texte intitulé « L'Affaire du siècle ».

Les KlimaSeniorinnen, 2 000 femmes de 64 ans et plus résidant en Suisse, ont convaincu la Cour européenne des droits de l'homme siégeant à Strasbourg que leur santé – du fait en particulier de la vulnérabilité des personnes âgées aux vagues de chaleur – était mise en danger par certaines manifestations du changement climatique. Et que leurs droits fondamentaux étaient dès lors violés par la carence de l'État fédéral suisse face au changement climatique. Elles ont ainsi demandé que des mesures soient prises pour limiter les dangers auxquels elles étaient exposées. Les injonctions à agir, adressées le

9 avril 2024 par la Cour à l'État fédéral suisse ont force légale : l'État suisse ne peut pas légalement s'y soustraire. De fait le ministère fédéral de la Justice, qui assure le lien entre la Cour et l'État, s'est engagé à entreprendre sans délai l'examen des mesures à mettre en œuvre. Outre son importance intrinsèque, ce jugement rendu par une Cour internationale de premier plan peut être invoqué comme précédent de poids dans de nombreux autres litiges.

Aux États-Unis, des jugements ont été rendus par des tribunaux d'États en faveur de groupes de jeunes plaignants faisant valoir qu'ils ont droit constitutionnellement à un environnement sain, que des projets publics et privés pourraient compromettre. Un succès retentissant au Montana a encouragé un groupe de jeunes Alaskiens à attaquer en justice un projet d'extraction de gaz naturel destiné aux marchés asiatiques, qui entraînerait un triplement des émissions de CO_2 imputables à l'Alaska. Les plaignants ont fait valoir que le projet viole un droit inscrit dans la constitution de l'État ; le droit à la protection des ressources naturelles « au bénéfice des générations présentes et futures ».

En dépit de succès indéniables, il n'est pas certain que les jugements rendus soient suivis d'effets significatifs. Cependant, toujours aux États-Unis, des États et des villes ont attaqué en justice les grandes entreprises pétrolières, ExxonMobil, ConocoPhillips, Chevron, Shell, BP, pour les avoir trompés, ainsi que le public en général, concernant les manifestations dévastatrices du changement climatique dont ces entreprises seraient responsables. Des compensations sont réclamées, et elles sont dans certains cas suffisamment élevées pour déstabiliser les entreprises visées : ce sont des dizaines de milliards de dollars qui sont en jeu dans ces procédures, en particulier celles impliquant l'État de Californie et les villes de Honolulu (dont la plainte, contestée par les compagnies pétrolières, a été validée le 13 janvier 2025 par la Cour suprême des États-Unis) et de Chicago (dernière en date le 21 février 2024). La plainte déposée par la ville de Hoboken (New Jersey) n'a évidemment pas la même dimension, mais elle innove en poursuivant les entreprises au titre de RICO, c'est-à-dire le très infamant Racketeer Influenced and Corrupt Organizations Act.

Les branches exécutive et législative des pouvoirs publics manifestent dans la plupart des pays une hostilité croissante non seulement à l'égard des militants écologistes, mais aussi des journalistes rendant compte de la dégradation de la Planète. La troisième branche, judiciaire, manifeste à l'occasion plus de compréhension, voire de sympathie. Il est donc rationnel, quand cela paraît possible, de s'appuyer sur elle pour affaiblir les prédateurs responsables de la dégradation de la Planète, et du climat en particulier.

Les militants actifs dans des groupes comme Just Stop Oil ou Climate Defiance manifestent une certaine condescendance – sur le thème « ils n'ont pas changé grand-chose à la dynamique de destruction de la Planète » – à l'égard des grands rassemblements de jeunes mobilisés dans des mouvements tels que FFF (Fridays For Future, lancé en Suède par Greta Thunberg) ou le Sunrise Movement (lancé aux États-Unis par Varshini Prakash). Il est vrai que ceux-ci n'ont jusqu'à présent guère infléchi les trajectoires des entreprises prédatrices ni ébranlé la complaisance des pouvoirs publics à l'égard de ces entreprises. Mais ils permettent à ceux qui ne veulent pas se résigner, aux jeunes en particulier, de ne pas se retrouver perdus dans des solitudes désespérées ; l'anxiété des jeunes monte indéniablement, au fur et à mesure que les effets du changement climatique et des autres dérèglements planétaires se précisent. Les rassemblements entretiennent la volonté de résister et le courage de dénoncer et rendre la vie difficile à ceux qui, parmi les parents, les enseignants ou les supérieurs hiérarchiques, contribuent à détruire la Planète. Ce travail de sape est essentiel pour obtenir des conversions psychologiquement complexes.

Aux États-Unis – les jeunes Européens ne devraient pas réagir différemment –, il semble que les jeunes prennent sérieusement conscience des malheurs que leurs aînés leur laissent en héritage. Une enquête nationale, dont les résultats ont été rendus publics en octobre 2024, pilotée et interprétée par l'école de médecine de l'université de New York, avec l'appui notamment de l'université Stanford et de l'université George Washington, révèle que 85 % des jeunes de 16 à 25 ans se déclarent préoccupés par la crise climatique ; 57 % se déclarent même extrêmement préoccupés, allant jusqu'à adhérer à la formule « humanityisdoomed[1] », souhaitant néanmoins pour la plupart d'entre eux trouver des voies d'actions efficaces. Une visite en forêt amazonienne pourrait les y aider.

Certaines ethnies installées depuis très longtemps dans la forêt amazonienne ont beaucoup à enseigner en tant que communautés structurées qui défendent les milieux naturels avec lesquels elles vivent en symbiose. Une des meilleures expériences est présentée dans un livre de Nemonte Nenquimo qui vient de paraître : *We Will Not Be Saved*[2]. Pour avoir conduit avec succès son peuple à refuser l'exploitation pétrolière dans la forêt, sur le territoire de l'Équateur, Nemonte Nenquimo a reçu le prix Goldman, qu'on appelle parfois le Nobel de l'environnement. À propos des prédateurs de la forêt, elle écrit : « The less you know about something, [...] the easier it is to

1. « L'humanité est condamnée ».
2. Nemonte Nenquimo, *We Will Not Be Saved*, Headline Publishers, 2024.

destroy » (moins vous en savez sur une chose, plus il vous est facile de la détruire).

Et Dieu ? Le moins que l'on puisse dire, c'est que la Création est sérieusement malmenée. Faut-il s'y résigner ? Ce serait le péché ultime, écrit le pape François dans l'encyclique *Laudato si'* (ainsi appelée en référence à saint François d'Assise). Cinq ans après la publication de celle-ci, il a demandé à des représentants de divers pays, milieux et catégories sociales, professions et engagements, d'enquêter sur le retentissement de l'encyclique (un des auteurs du présent ouvrage a été chargé de l'enquête en milieu académique). Le verdict est clair : un large et profond retentissement, sauf parmi ceux qu'on a coutume d'appeler les décideurs, qu'ils soient politiques ou économiques, ceux par qui la Création est malmenée, mais qui préfèrent l'ignorer. Ils paraissent totalement imperméables au jugement formulé par l'éditorialiste Nicholas Kristof dans le *New York Times*, le 7 février 2024 : « The best metric for a society's future is how well it nurtures its next generation. » (« Il n'y a pas de meilleur indicateur de l'avenir d'une société que la façon dont elle traite la jeune génération ».)

Après le Déluge, Dieu a assuré à Noé qu'Il n'aurait de cesse de protéger la Création :

« Dieu dit encore à Noé et à ses fils : Oui j'établirai une alliance avec vous [...] il n'y aura plus de déluge pour ravager la terre. » (Genèse, IX, 8-11)

Il serait temps de tenir parole et de participer à l'effort des résistants.

CHAPITRE 6

La deuxième ère coloniale

Avec le changement climatique et, de manière générale, la dégradation des conditions de la vie sur Terre, une deuxième ère coloniale est engagée. C'est le diagnostic que formule un des plus éminents historiens de la première ère coloniale, David Van Reybrouck (Katholieke Universiteit Leuven), reconnu en particulier pour ses analyses pionnières de deux expériences coloniales relativement méconnues, belge (Congo) et hollandaise (Indonésie).

En effet, la moitié la plus défavorisée de la population mondiale (quatre milliards de personnes), établie principalement aux basses latitudes, est à l'origine de 12 % des émissions de gaz à effet de serre. À l'autre extrémité de l'échelle des richesses, les 1 % les plus favorisés émettent 15 % de ces gaz. Or c'est cette première moitié dont la contribution au changement climatique est minimale qui, du fait de sa localisation et de conditions de vie précaires, en souffre le plus : elle est la victime des plus fortes vagues de chaleur, inondations, épidémies, etc.

Ce sont aussi ces populations qui manquent le plus des moyens pour se protéger, pour s'adapter aux nouvelles conditions climatiques et environnementales. Les choses ne peuvent qu'empirer, car les émissions des pays développés ne cessent de croître, saturant ainsi la capacité du système planétaire (atmosphère, océans, forêts) à amortir les effets de ces émissions sur le climat. En ce sens, les pays développés asphyxient les autres, condamnés à subir des dommages toujours croissants, sans lien direct avec leurs propres émissions.

Dans son rapport pour l'année 2022 consacré à la dette internationale, la Banque mondiale observe que des hausses de taux d'intérêt comme on n'en avait pas vu au cours des quarante années précédentes, conjuguées à des niveaux d'endettement particulièrement élevés dans les pays en développement, contraignent ceux-ci à sacrifier des dépenses essentielles, en particulier de santé et d'éducation, du fait du changement climatique et des autres perturbations environnementales qui les accablent. Les pays développés, année après année depuis la COP15 (Copenhague 2009), ont entretenu la perspective d'apporter des aides financières aux pays en développement pour contribuer au financement de leurs dépenses de transition et d'adaptation. Le chiffre de 100 milliards de dollars a été souvent cité, sans effet concret. Ce qui est concret en revanche, c'est l'engagement pris par les entreprises de combustibles fossiles auprès des gouvernements de pays en développement de signer des « traités d'investissement », dont une clause prévoit le versement de compensations financières au cas où le pays déciderait d'opérer une conversion aux énergies renouvelables. Mary Robinson, au nom de l'ONU, a évalué à plus de 60 milliards de dollars les compensations versées à ce jour.

Lors de la COP28 qui s'est tenue à Dubaï en décembre 2023, décision a été prise de créer un fonds de compensation des pertes et dommages subis par les pays en développement du fait du changement climatique. Une tentative de réparation de l'exploitation coloniale, vraiment ? Un appel à contributions volontaires à ce fonds a rapporté un peu moins de 1 milliard de dollars, c'est-à-dire 0,25 % du montant des pertes évaluées et dommages effectifs subis chaque année, lesquels s'élèveraient à 400 milliards de dollars selon des expertises fiables. Concrètement, qu'est-ce que cela représente ? Prenons un unique exemple : les inondations au Pakistan entre juin et octobre 2022. Ces inondations sont dues à deux raisons principales, liées l'une et l'autre au changement climatique : une mousson exceptionnellement violente et la fonte importante de glaciers himalayens, elle-même conséquence d'une vague de chaleur qui l'avait immédiatement précédée. Les dommages et pertes (en particulier de récoltes) ont été évalués à plus de 30 milliards de dollars ; la plupart des victimes appartiennent à des populations déjà très démunies, et mal préparées pour faire face. C'est le type de désastre dont les victimes ne peuvent pas se relever sans une aide internationale proportionnée – autre chose que l'aumône à un miséreux. Les pays riches ont cependant essayé de convaincre les pays défavorisés que la COP28 avait ouvert la voie – et c'est une première se félicitent-ils – à une sérieuse prise en compte de leurs problèmes les plus pressants. Rappelons, en guise de réponse à ce terrible cynisme, que l'on attend des centaines de millions de « réfugiés du climat » d'ici vingt-cinq ans.

Quand il était envoyé spécial du président pour le climat, au début du mandat de Joe Biden, John Kerry a évalué les besoins des pays en développement entre 3 000 et 4 000 milliards de dollars par an. Quant à savoir comment obtenir pareilles sommes des contribuables des pays riches, américains en particulier, la question est restée en suspens. D'autres sources de financement, à la fois légitimes et à l'échelle requise, pourraient être envisagées :

- Rediriger les subventions publiques à la production et à la consommation de combustibles fossiles – 1 400 milliards de dollars en 2022 – vers des objectifs de compensation des dommages et d'adaptation aux conditions créées par le changement climatique.

• Appliquer le PPP (principe pollueur-payeur) aux entreprises dont les activités portent atteinte à la santé publique et à l'intégrité du milieu naturel ; ces atteintes s'élevaient en 2022 à 5 600 milliards de dollars selon les évaluations du FMI[1]. L'application du PPP réduirait progressivement cette somme – en réduisant les atteintes, ce qui serait une première conséquence positive – mais le solde resterait substantiel.

L'importance de ces montants financiers ne doit pas être sous-estimée, mais il faut cependant les mettre en perspective avec les résultats d'une étude récente qui évalue les dommages à attendre d'ici 2050. Elle a été menée par une équipe de chercheurs de l'ETH (École polytechnique) de Zurich et publiée récemment dans *Nature*[2].

La citation suivante en est un bon résumé : « Les dommages annuels imputables au changement climatique, au tournant des années 2050, s'élèveraient globalement à 38 000 milliards de dollars

1. Simon Black, Antung A. Liu, Ian W. H. Parry, Nate Vernon-Lin, « IMF Fossil Fuel Subsidies Data : 2023 update », IMF Fiscal Affairs Department Working paper, Washington, 2023.
2. Maximilian Kotz, Anders Levermann, Leonie Wenz, « The economic commitment of climate change », art. cit.

(valeur 2005), soit environ six fois plus que ce qu'il en coûterait pour éviter ces dommages. »

Manifestement, s'il n'est pas rentable pour les entreprises produisant et distribuant des combustibles fossiles de sauver la Planète, l'humanité a tout à y gagner.

CHAPITRE 7

Pour pouvoir encore boire et manger

Pourquoi une transition agroécologique

La conjonction du changement climatique et du modèle dominant d'agriculture industrielle rend très crédible la perspective de famines de masse. En effet : « La simultanéité d'événements météorologiques extrêmes entre grandes régions du monde crée une menace majeure pour les systèmes socio-économiques interconnectés. Par rapport à la fin du siècle dernier, la probabilité de simultanéité des sécheresses augmente de 50 à 60 %. Cela implique approximativement une multiplication par 9 des terres agricoles impactées[1]. »

La simultanéité implique qu'il ne faut pas compter sur le commerce international pour corriger les effets

1. Kai Kornhuber *et al.*, « Risks of synchronized low yields are underestimated in climate and crop model projections », *Nature Communications*, vol. 14, 04/07/2023.

des événements météorologiques les plus extrêmes. Seule perspective réaliste de survie : protéger et mobiliser le plus efficacement et équitablement possible les ressources naturelles et humaines locales. C'est précisément l'orientation fondamentale de l'agroécologie, grâce à laquelle on peut espérer traverser sans dommages irrémédiables les périodes de stress global. Elle met aussi à l'abri de terribles dangers. En voici un dont la gravité n'a été perçue que récemment : l'agriculture industrielle utilise les rejets des populations urbaines sous la forme de boues d'épandage, et les villes trouvent commode de se débarrasser ainsi de leurs rejets. On pourrait y voir une méthode utile de recyclage d'éléments nutritifs vers les cultures. Mais se trouvent aussi recyclés, en quantités rapidement croissantes dans les boues ces dernières années, des produits agressivement toxiques (attaquant les fonctions vitales des êtres vivants, et jusqu'à l'enfant dans le ventre de sa mère) et d'une très longue durée de vie, aussi bien dans l'environnement qu'à l'intérieur des êtres vivants (d'où leur appellation journalistique *forever chemicals*, administrativement PFAS : substances per- et polyfluoroalkilées). N'utilisant pas de fertilisants chimiques, l'agroécologie n'expose pas à ces mauvaises surprises. Les enjeux sont énormes. *Le Monde* y a consacré une grande enquête[1] dont

1. Raphaëlle Aubert, Stéphane Horel, « PFAS : le coût vertigineux de la dépollution de l'Europe », *Le Monde*, 14/01/2025.

il ressort qu'il faudra dépenser plus de 1 000 milliards d'euros sur vingt ans pour éliminer les *forever chemicals* polluant l'environnement en Europe ; une élimination qui ne pourra même pas être complète car les polluants ne sont pas diffusés seulement par la voie des boues, mais aussi par une myriade d'autres voies.

L'agriculture industrielle pollue tous les milieux, eau, sol, air. Elle est, avec l'élevage bovin qui émet du méthane, la deuxième source d'émissions de gaz à effet de serre, 15 % environ du total. Les excédents d'engrais azotés, répandus en quantités très supérieures à ce qui est utile pour entretenir la fertilité des terres, engendrent des émissions d'oxyde nitreux, encore appelé protoxyde d'azote (N_2O), molécule dont nous avons rappelé que l'effet de serre est deux cent quatre-vingts fois plus intense que celui de la molécule de CO_2. Si bien qu'à l'échelle planétaire l'agriculture est responsable de 82 % des émissions de N_2O. L'agriculture industrielle est aussi l'un des principaux facteurs de la dégradation des sols, directement ou indirectement, en incitant à la déforestation : plus de trois milliards de personnes sont déjà victimes de cette dégradation ; certaines sont chassées de leurs exploitations là où la dégradation va jusqu'à la désertification. À tout cela, quels remèdes peut apporter l'agroécologie ?

Résilience de l'agroécologie

Sur les collines d'une plantation, quelque part en Asie du Sud-Est, le thé a longtemps prospéré, grâce à une conjonction favorable de climat, de sol et d'eau. Mais ces conditions se dégradent, à commencer par le climat, et la culture du thé ne peut se maintenir qu'au prix de multiples adaptations :

– Sélectionner des variétés aussi résistantes que possible aux effets du changement climatique.

– Restructurer les réseaux de distribution et de stockage de l'eau de façon à éviter aux cultures des pénuries fatales.

– Mettre en pratique des principes et des techniques d'agroforesterie (branche de l'agroécologie) en intégrant des arbres au milieu des cultures. Ces arbres atténuent les effets du changement climatique, régulent le stockage et la circulation de l'eau dans le sol et, pour certains d'entre eux, enrichissent le sol en nutriments, en azote en particulier, dispensant ainsi de répandre des fertilisants chimiques.

– Organiser la diversification des cultures et des arbres de façon à constituer des barrières à la dissémination des ravageurs ; ceux-ci sont en effet souvent inféodés à telle ou telle culture et franchissent difficilement les obstacles que constituent pour eux des cultures ou des plantations qui ne leur sont pas familières.

C'est ainsi que les champs de thé deviennent agroécologiques et donc plus résilients.

Le long de la frange septentrionale du Sahara, il n'y a pas de plantations de thé, mais des vergers d'amandiers, d'abricotiers et d'autres fruits, qui supportent de plus en plus mal les effets du changement climatique et de la poussée du désert. Pour survivre, des communautés d'agriculteurs ont développé des formes adaptées d'agroécologie. Au milieu des cultures maraîchères, fruitières ou céréalières, ils installent un réseau d'acacias, utilisant une variété issue d'Australie et qui s'est répandue en Afrique subsaharienne. La présence de ces grands arbres a de multiples avantages. Ils sont capables de fixer l'azote contenu dans l'air, d'en faire usage pour se nourrir eux-mêmes et pour en transférer une partie aux plantes qui les entourent, vis-à-vis desquelles ils fonctionnent comme producteurs de fertilisants naturels ; on a observé en Afrique subsaharienne que leur présence dans les champs de sorgho ou de millet augmente les rendements d'un facteur 3 à 5. D'autre part, les feuilles d'acacia arrivent à maturité à la saison sèche, elles constituent ainsi un apport nutritif pour les agriculteurs d'autant plus apprécié que d'autres apports font défaut à cette saison. Enfin, les systèmes racinaires profonds et étendus des acacias assurent un stockage de l'eau à la période des pluies, eau restituée aux plantes pendant les périodes sèches. On peut ajouter que le bois de ces acacias est d'excellente qualité. On l'utilise comme bois de construction, et pour fabriquer des meubles. (Dans son livre *The Natural History of the Bible*[1], Daniel Hillel rappelle que le Tabernacle de Moïse a été fabriqué en bois d'acacia.)

À mi-hauteur entre les cultures au sol et les têtes d'acacia, il y a place pour un niveau intermédiaire de végétation, lui aussi productif. On peut choisir de l'occuper avec un arbre de taille elle-même intermédiaire, le moringa, d'origine indienne mais bien acclimaté en Afrique subsaharienne. Le moringa, selon la tradition indienne, confirmée par les évaluations de la FAO, a des feuilles qui contiennent plus de bêtacarotène que les carottes, des fruits qui produisent plus de protéines que les pois, et qui contiennent plus de vitamine C que les oranges, plus de potassium que les bananes et plus de fer que les épinards. En outre, comme pour l'acacia, les feuilles du moringa sortent à la saison sèche. Autrement dit le moringa est une base d'alimentation et de pharmacopée à laquelle peuvent se fier des populations qui vivent sous la menace de pénuries alimentaires, et qui n'ont pas accès aux médicaments courants dans les pays riches.

En France, les Civam (Centres d'initiatives pour valoriser l'agriculture et le milieu rural) sont des associations locales – on en compte environ 130 – d'agriculteurs et de ruraux qui travaillent de manière

1. Daniel Hillel, *The Natural History of the Bible*, Columbia University Press, 2005.

collective à la transition agroécologique. Ils constituent un réseau national au sein duquel s'échangent expériences et soutiens mutuels. Il y a maintenant à travers le monde un grand nombre d'exploitations en agroécologie, adaptées à des conditions naturelles et à des traditions agricoles variées. Les exploitations agroécologiques ne constituent cependant qu'une fraction modeste des exploitations agricoles mondiales, entre d'un côté une multitude d'exploitations traditionnelles peu productives, et de l'autre, une agriculture industrielle puissante en dépit d'une productivité plus apparente que réelle. Les exploitations traditionnelles peu productives ont le plus grand besoin de conversion en agroécologie pour atteindre des niveaux de production décents, tout comme l'humanité a le plus grand besoin d'une transformation de l'agriculture industrielle afin d'éviter que ne se multiplient des pollutions en tout genre, qui constituent pour la Planète le deuxième plus grand danger, après les combustibles fossiles. Hélas, trop rares encore sont les projets de conversion et de transformation cohérents à l'échelle requise, mobilisant à la fois les intérêts et les efforts des agriculteurs et des consommateurs, adossés à des politiques publiques et de crédit assurant appui et dynamisation.

En Inde, l'État de l'Andhra Pradesh, dans le sud du pays, fait figure de pionnier. La majorité de ses 53 millions d'habitants sont ruraux. Les agriculteurs et agricultrices – elles sont nombreuses à participer à l'effort de changement –, ainsi que les autorités publiques, conduisent la plus vaste conversion au monde à l'agroécologie : deux millions d'exploitations ont déjà été converties et l'on en attend quatre de plus d'ici 2027. Les innovations en cours ne sont pas seulement agronomiques et organisationnelles, mais aussi psychologiques et sociales. Au fur et à mesure que le mouvement de conversion s'étend, un optimisme prudent se fait jour en Andhra Pradesh. Cet optimisme contraste avec le sentiment largement partagé en Inde d'une crise du modèle d'agriculture industrielle. C'est ce qu'a observé un agronome français envoyé en mission de longue durée par le Cirad[1].

L'Union Européenne n'en est pas là. Mais elle pourrait y venir, c'est-à-dire nourrir tous ses habitants – plus frugalement qu'aujourd'hui, en diminuant la production et la consommation de viande, néanmoins confortablement – à partir d'exploitations agricoles converties en agroécologie[2].

Avec l'agroécologie, le concept d'autonomie alimentaire prend un sens opérationnel et dynamique, aussi bien sur le plan agronomique que sur le plan

---

1. Bruno Dorin, « Théorie, pratique et enjeux de l'agroécologie en Inde », dans Bernard Hubert, Denis Louvet (dirs), *La Transition agroécologique. Quelles perspectives en France et ailleurs dans le monde ?*, Presses des Mines, 2021.
2. Michele Schiavo, *et al.*, « Une Europe agroécologique à l'horizon 2050 », Iddri, 2021.

social. Elle permet de garder les agriculteurs, et les communautés auxquelles ils appartiennent, à l'abri des chocs générés par des marchés internationaux de produits agricoles de plus en plus dysfonctionnels ; de plus, la diversité de ses implantations et de ses produits amortit les chocs météorologiques.

L'approche agroécologique, pour tout ce qui touche à l'exploitation de l'étage des cultures[1], n'est pas en contradiction avec les recommandations présentées le 14 janvier 2025 (dans une lettre ouverte diffusée par la World Food Prize Foundation), par 150 lauréats du prix Nobel ou du World Food Prize, qui cherchent à répondre à des perspectives effrayantes de famines pour les vingt-cinq prochaines années. Les principales recommandations, déjà mises en œuvre par l'agroécologie ou susceptibles de l'être, sont les suivantes :

- Augmenter l'efficacité de la photosynthèse dans la croissance du riz et du blé.
- Favoriser les plantes capables d'utiliser directement l'azote de l'air.
- Apporter à certaines plantes dites « indigènes », particulièrement bien adaptées à des conditions climatiques difficiles, les améliorations dont jusqu'à présent les agronomes n'ont pas reconnu l'intérêt.

1. C'est-à-dire l'étage inférieur où sont cultivés légumes ou céréales.

• Identifier et éliminer systématiquement les gaspillages tout au long des chaînes producteurs-intermédiaires-consommateurs.

Il est vrai qu'il y a urgence.

Vivre ou mourir par l'eau

Il n'y a pas d'agriculture sans eau douce. Or l'eau douce n'est pas disponible à l'infini. Pourtant, l'humanité a longtemps entretenu l'illusion qu'elle l'était. L'agriculture industrielle fonctionne en général comme si cette illusion était la réalité. Maintenant que les pluies utiles sont devenues plus rares (ne sont pas utiles les pluies violentes et soutenues à l'origine d'inondations), que le débit d'un grand nombre de fleuves et de rivières a dramatiquement baissé, et que l'eau dans les aquifères souterrains – eau lentement ou pas du tout renouvelée – a été gaspillée pendant des décennies, l'agriculture industrielle est dans l'impasse partout où la disponibilité de l'eau est effectivement en déclin irrémédiable : cela correspond à un ensemble d'aires géographiques où est actuellement réalisée la moitié de la production agricole mondiale[1].

1. Global Commission on the Economics of Water, « *The Economics of Water : Valuing the Hydrological Cycle as a Global Common Good* », OCDE, 2024.

L'agroécologie en revanche n'est pas confrontée au même problème. Elle est intrinsèquement économe en eau, et elle peut satisfaire ses besoins en irrigation selon des méthodes elles-mêmes particulièrement économes, en particulier l'irrigation goutte à goutte, encore appelée micro-irrigation, inventée il y a soixante-dix ans par Daniel Hillel.

Alors jeune agronome, Daniel Hillel travaillait dans un kibboutz à proximité duquel un arbre majestueux avait poussé seul au milieu des buissons rabougris du Néguev. Tout le monde admirait cet arbre, Hillel compris – mais lui voulut aussi comprendre. Avec précaution, il retira la terre autour des racines, jusqu'à découvrir parmi elles un tuyau d'alimentation en eau du kibboutz. Le tuyau avait à cet endroit un trou par lequel, goutte à goutte, l'eau était transmise à l'arbre[1].

À l'occasion de la réception du World Food Prize qui lui a été remis en novembre 2012 à l'Université de l'Iowa, Daniel Hillel expliquait brièvement le fonctionnement et la portée de son invention :

> « Nous nous sommes rendu compte qu'avec l'irrigation au goutte à goutte, en amenant l'eau aux racines des plantes très progressivement, le sol n'est jamais saturé en eau et ne court pas davantage le risque de se dessécher. Dans ces conditions le système de culture

1. Discussion avec Daniel Hillel au Earth Institute de l'université Columbia, 2014.

devient plus stable, l'eau est utilisée plus efficacement et les agriculteurs récoltent beaucoup plus par goutte d'eau apportée. »

Sauf sur des cultures auxquelles elle ne peut pas être appliquée (principalement le riz et plusieurs céréales), la technique a diffusé dans le monde entier, particulièrement en Chine, au Pakistan, dans certains États de l'Union indienne et des États-Unis d'Amérique. Des variantes très simples, peu coûteuses et néanmoins efficaces, répondent aux besoins de millions d'agriculteurs pauvres dans des pays en développement ; des variantes plus sophistiquées et plus coûteuses sont en général préférées dans les pays riches.

Dans la province de Kerman, au sud-est de l'Iran, la culture de la pistache est une activité essentielle pour l'économie régionale. Il y a quelques années, tous les arbres étaient luxuriants, mais trop généreusement irrigués : des flots d'eau pompée dans les réserves souterraines baignaient les arbres à toute heure de la journée, même en plein soleil. Il n'en coûtait pas grand-chose aux arboriculteurs, l'eau étant généreusement subventionnée par l'État. Un arboriculteur a cependant considéré que ce régime n'était pas soutenable et a donc installé sur son domaine un système d'irrigation au goutte à goutte : en prenant à sa charge cette lourde dépense, il devint la cible des quolibets de ses collègues (quelle idée d'investir alors qu'avec l'aide de l'État l'eau est quasi gratuite !). Autrefois foisonnantes, les vastes étendues de pistachiers de la province de Kerman ne le sont plus : aujourd'hui, à perte de vue, ce ne sont plus que des arbres morts. Avec cependant une exception, une tache verte au milieu de cette désolation. Le cocktail changement climatique/gaspillage de l'eau s'est en effet révélé insoutenable, il a donc fallu rationner sévèrement l'eau à la disposition des arboriculteurs, au point que seul le goutte à goutte s'est avéré compatible avec les rigueurs du rationnement.

D'autres systèmes qui, comme la micro-irrigation, visent la sobriété maximum dans l'usage de l'eau en agriculture, ont été développés pour fonctionner sur des cultures qui ne peuvent pas être traitées au goutte à goutte. Aux États-Unis, des agriculteurs désireux d'économiser l'eau pour irriguer leurs champs de maïs (céréale importante mais gourmande en eau) ont décidé de remplacer les méthodes traditionnelles d'inondation de leurs champs par un nouveau système conçu par l'entreprise d'ingénierie allemande Siemens. Celui-ci fonctionne de la manière suivante : le taux d'humidité au sol est enregistré en continu au pied des tiges, idem pour la température au sommet. Ces données sont traitées en continu par un ordinateur central qui sur cette base commande, parcelle par parcelle, l'aspersion des quantités d'eau calibrées par le système. Que la consommation d'eau ait été divisée par cinq a évidemment favorisé son adoption.

Valoriser les ressources locales et la diversité des formes de la vie tout en veillant à ne pas gaspiller nos ressources : ce qui était autrefois une option bienvenue est devenu, du fait de l'état de la Planète, du climat en particulier, un impératif de survie.

Il n'y a pas que l'agriculture qui est assoiffée

Dans un article du *New York Times* en date du 1er janvier 2025, un historien de l'université Harvard, Dennis Hogan, porte un jugement à première vue surprenant : le canal de Panama a un problème, ce n'est pas la Chine, ce n'est pas Trump... c'est le changement climatique, lequel assèche le lac qui alimente en eau – et il en faut beaucoup – les écluses au centre du canal. On en est déjà à imaginer une nouvelle ligne de chemin de fer à grande capacité traversant l'Amérique centrale.

Mais il y a plus angoissant. Le World Resources Institute classe les pays du monde selon le niveau de stress hydrique qui les caractérise (« WRI's Aqueduct Water Risk Atlas »). Dans la catégorie *stress extrêmement élevé*, on trouve les pays où il est devenu impossible de faire face à des pénuries récurrentes, où des millions d'enfants n'ont pas accès à une eau qu'ils peuvent boire sans danger pour leur santé, où le débit des cours d'eau les plus importants a durablement baissé (sauf en période d'inondations) et où les aquifères souterrains, s'ils ne sont pas déjà épuisés, sont proches de l'épuisement. Parmi les vingt-cinq pays classés dans cette catégorie, il y a un très grand pays, l'Inde, ainsi que des pays de taille plus modeste mais dont la population est importante tels que l'Afrique du Sud, l'Iran, la Somalie, la Zambie.

Les pays qui se trouvent dans une situation apparemment plus favorable sont en fait, pour plusieurs d'entre eux, dans l'antichambre du stress maximum. C'est le cas du Pakistan, des pays d'Afrique du Nord et de l'Espagne. La Turquie et l'Italie sont aussi dans cette catégorie mais leurs situations respectives sont moins inquiétantes. La Chine, tout au long de son histoire, a connu de sévères pénuries d'eau : du fait du changement climatique et d'implantations industrielles aberrantes, les pénuries s'aggravent encore.

Le stress hydrique est particulièrement associé aux facteurs suivants :

- La rareté des pluies utiles (ne sont pas utiles des pluies violentes et soutenues qui engendrent des inondations ; ne le sont pas non plus des pluies, bien que plus modérées, qui tombent sur des surfaces imperméabilisées ou gorgées d'eau). En diminuant les surfaces imperméabilisées et en multipliant les capacités de stockage de taille petite ou moyenne, comme cela se fait systématiquement en Allemagne, il est possible d'augmenter la proportion de pluies utiles.

- La diminution cumulative des débits dans les cours d'eau, en particulier les principaux d'entre eux, alors même que la pollution augmente. Là aussi des remèdes existent, pour autant que l'on veuille faire l'effort de les appliquer.
- Le quasi-épuisement, sinon même l'épuisement, d'aquifères dans lesquels pendant trop longtemps le pompage de l'eau a excédé la recharge naturelle. Un seul véritable remède : pomper beaucoup moins d'eau en augmentant radicalement l'efficacité avec laquelle elle est utilisée. Des réussites spectaculaires en agriculture attestent que c'est possible.

Comment en est-on arrivé là ? Et quels remèdes ont été expérimentés ? Observons les situations de deux pays en développement, l'Inde et l'Iran, mais également le sud-ouest des États-Unis – une région à la pointe du développement technologique et économique.

L'Inde, le plus grand pays du monde en situation de stress hydrique extrême, n'a pris soin ni de ses rivières ni de ses aquifères. Quand il y a encore de l'eau dans les fleuves et rivières, cette eau est le plus souvent sévèrement polluée. Même le Gange, proclamé « éternellement pur » dans des textes sacrés de l'hindouisme, charrie une eau tellement chargée en germes pathogènes, en métaux lourds et en résidus de pesticides qu'y accomplir les rites funéraires traditionnels est devenu extrêmement dangereux.

Quant à l'eau dans les aquifères souterrains, elle a été massivement gaspillée au bénéfice d'agriculteurs suffisamment riches pour posséder des pompes capables de prélever l'eau des réserves profondes, avec laquelle ils inondent leurs champs. Cerise sur le gâteau : ces pompes sont actionnées par de l'électricité subventionnée par l'État. Comme ces pompages en profondeur ont asséché les puits de surface, les agriculteurs les moins fortunés se retrouvent totalement dépendants de la mousson, que le changement climatique rend de plus en plus erratique. Cependant, dans certaines régions du pays et sur des cultures qui s'y prêtent bien, les agriculteurs ont réduit très significativement leur consommation d'eau, en substituant à l'irrigation par inondation des champs des formes d'irrigation au goutte à goutte.

La position géographique de l'Iran, l'absence de couverture forestière, et le changement climatique concourent à créer les pénuries d'eau de plus en plus sévères qui affectent ce pays ; le gaspillage privé et public de la ressource est aussi un facteur essentiel, auquel dans ce pays il est particulièrement difficile de remédier.

À Ispahan, la « rivière de vie » (Zayandeh Roud) – cette vie qu'ont apportée ses flots généreux – n'est plus qu'un ruban de poussière, sauf en période d'inondation. Des prélèvements massifs – au détriment de la collectivité, mais au service d'intérêts privés, en particulier des activités lucratives contrôlées par les gardiens de la révolution –, dans un contexte de sécheresse de plus en plus sévère, ont tué la rivière de vie et beaucoup d'autres cours d'eau. Même le grand lac d'Ourmia est en voie de disparition, à l'image de la mer d'Aral (située plus au nord, à la frontière du Kazakhstan et de l'Ouzbékistan). Il n'y a, en ce qui concerne la rivière de vie, aucun autre remède que de cesser les prélèvements abusifs en amont d'Ispahan. Mais aussi longtemps que le pouvoir actuel se maintiendra, rien ne changera.

Si les États du sud-ouest des États-Unis (Arizona, Californie, Nevada, Nouveau-Mexique, Utah) constituaient un pays indépendant, celui-ci s'ajouterait à la liste des pays à stress hydrique extrême. Presque partout aux États-Unis, l'eau est gaspillée, en particulier l'eau des aquifères souterrains qui est pompée à des rythmes tels qu'un épuisement prochain menace une majorité d'entre eux. Une équipe de journalistes du *New York Times* a réalisé un travail considérable d'enquête sur l'état des ressources d'eau souterraine du pays. Leurs conclusions sont sévères :

> « Nos investigations révèlent les effets de quarante années de prélèvements systématiquement supérieurs aux recharges. Cette crise menace la prospérité des États-Unis[1]. »

1. « America Is Using Up Its Groundwater Like There's No Tomorrow », *New York Times*, 28/08/2023.

Comme souvent, pareille situation résulte de la conjonction du changement climatique et de la gabegie humaine. Parfois, la présence d'un aquifère souterrain important masque (pour un temps) la rareté de la ressource, au Texas par exemple, mais contrairement au Nebraska et au Texas, les États du Sud-Ouest ne disposent pas d'aquifère important. Et mis à part le Nevada, ils n'ont pas cherché à maîtriser leurs gaspillages. Ils s'en sont remis au fleuve Colorado, alimenté par les neiges des montagnes Rocheuses. Ils y ont vu une source d'eau abondante et stable qu'ils se sont partagée sur la base d'un accord interétatique passé en 1922, connu sous le nom de Colorado River Compact. Le Colorado étant d'une année sur l'autre plus ou moins généreux, l'équilibre entre les années de disette et d'abondance était assuré grâce à deux très grands barrages capables de stocker des réserves pour plusieurs années. Mais cet équilibre est désormais rompu, et irréversiblement : il y a moins de neige sur les Rocheuses, et moins d'eau dans le Colorado. L'eau dans les barrages est descendue à un niveau si bas qu'elle n'est plus utilisable. La situation est particulièrement dramatique pour la Californie dont les puissantes exploitations agricoles fournissent tous les supermarchés des États-Unis – dans leur grande majorité elles n'ont pas trouvé, d'ailleurs pas même cherché, la clé de l'irrigation sobre. Le Nevada est beaucoup moins affecté par la diminution des ressources tirées du Colorado, parce qu'il souffre depuis longtemps d'une rareté dont ses voisins ne font que maintenant l'expérience, dont les habitants du Nevada ont appris depuis longtemps à accommoder. En 1922 en effet, le Nevada comptait moins de 100 000 habitants, le Compact ne lui avait donc accordé qu'un faible pourcentage de l'eau du Colorado ; et en dépit de l'impressionnante croissance démographique du Nevada, ce pourcentage n'a jamais été révisé. Nécessité faisant loi, le Nevada utilise l'eau beaucoup plus efficacement que ses voisins. Pas de parterres de gazon vert luxuriant, toujours assoiffés, qui sont un must dans d'autres États (particulièrement au Texas), mais des parterres de plantes habituées à des conditions semi-désertiques. Pour maîtriser les consommations des uns et des autres, le gouvernement du Nevada a fait le bon choix – la tarification non linéaire de l'eau : chaque consommateur paie un prix relativement bas pour une première tranche de consommation supposée couvrir ses besoins essentiels ; il paie davantage pour une deuxième tranche s'il en souhaite la livraison, et ainsi de suite.

La tarification non linéaire permet à des pays aux ressources très limitées, comme le Chili ou Israël, d'éviter des gaspillages qu'ils ne peuvent pas se permettre, sans exclure quiconque de la satisfaction de ses besoins essentiels. La tarification non linéaire discipline la demande en eau, c'est un remède qui crée des incitations économiques pour que chacun se comporte d'une manière compatible avec une gestion collective efficace et socialement acceptable d'une ressource rare, très rare même. Plusieurs comtés de Californie du Sud ont opté pour une autre solution qui consiste à augmenter l'offre par recyclage des eaux usées. En France, il n'est pas exceptionnel d'alimenter des réseaux d'eau potable en eau recyclée (dans l'industrie, c'est la norme de recycler plusieurs fois la même eau).

Les remèdes ainsi identifiés se répartissent en deux groupes : remèdes techniques et remèdes de gouvernance. Par les incitations qu'elle crée à adopter des comportements de consommation efficaces, la tarification non linéaire est un remède de gouvernance. Dans le comté d'Orange, durant les années qui ont précédé l'introduction du recyclage, la gouvernance a pris la forme d'un dialogue : pendant trois ans, il a fallu informer la population, l'interroger pour enfin la convaincre. Afin de choisir la bonne structure de gouvernance, il faut être aussi avisé qu'un médecin quand il établit une ordonnance. Le professeur Pedro Arrojo-Agudo, rapporteur spécial des Nations unies sur les droits de l'homme à l'eau potable, estimait en 2024 que l'Angleterre n'avait pas été avisée dans ses choix de gouvernance de l'eau. Il écrit en effet ceci :

> « [Dans le système privatisé anglais,] le manque de transparence et le manque de participation du public,

ainsi que la complaisance d'Ofwat [l'autorité de régulation] à l'égard des stratégies financières qui ont été adoptées par des entreprises privées au bénéfice de leurs actionnaires et au détriment du service rendu au public conduisent à douter de l'efficacité de cette autorité ».

L'insatisfaction de ce public pourrait difficilement être plus profonde qu'elle ne l'est déjà, au point que la pression populaire pour annuler les privatisations n'a jamais été aussi forte. Ce qui est ainsi rejeté massivement, c'est un mode de gouvernance malhonnête, inadapté et inefficace. Le rapporteur spécial évalue différemment la gouvernance pratiquée à Paris :

> « [Paris] a démontré que la puissance publique peut changer la donne, en accordant la priorité aux droits de l'homme, en réinvestissant les bénéfices dans le système, en garantissant une gouvernance transparente, en réduisant les prix et augmentant sa capacité d'autofinancement[1]. »

1. « Le lien entre l'eau et l'économie : la gestion de l'eau à des fins productives selon une approche fondée sur les droits de l'homme », rapport 2024 du rapporteur spécial des Nations unies sur les droits de l'homme à l'eau potable.

CHAPITRE 8

Dans les forêts tropicales et les glaces polaires, des inconnus petits mais préoccupants

Chaque année un supplément à la célèbre revue médicale britannique *The Lancet* fait le point sur les interactions entre santé publique et changement climatique, en mettant en évidence le rôle de la biodiversité. À défaut de pouvoir couvrir un champ aussi vaste que *The Lancet*, nous avons choisi de nous concentrer sur l'émergence et la diffusion de maladies infectieuses favorisées ou franchement initiées par le changement climatique, dans des conditions parfois surprenantes, comme le sont certains instruments en cours d'élaboration pour lutter contre elles.

L'expansion des moustiques et des fièvres qu'ils transmettent

Assurément, la malaria n'est pas une inconnue mais son potentiel d'expansion géographique avec le changement climatique est quant à lui encore largement inconnu.

Parmi les maladies tropicales véhiculées par des moustiques, la malaria est en tête – par le nombre de personnes infectées et le nombre de décès, majoritairement en Afrique. Les chiffres pour 2023, les plus récents communiqués par l'OMS, font état de 263 millions de personnes infectées (11 millions de plus qu'en 2022) et de 597 000 décès. Malgré les progrès des moyens de prévention et de traitement, ces chiffres sont en augmentation constante depuis cinq ans. À cela il y a, semble-t-il, deux raisons principales : d'une part le développement de résistances aux mesures préventives chez les moustiques et les parasites impliqués, d'autre part le changement climatique.

Les effets du changement climatique sont multiples. La hausse des températures étend les espaces où les moustiques sont présents. On cite souvent leur ascension du Kilimandjaro : au fur et à mesure que les niveaux plus élevés, qui leur étaient inhospitaliers, se réchauffent, ils y trouvent des conditions favorables à leur développement. Les organismes humains en revanche, affaiblis par les températures plus hautes, offrent moins de résistance à la maladie. Les moustiques n'ont pas seulement conquis le Kilimandjaro, mais aussi les hauts plateaux d'Éthiopie et du Kenya ; ils pénètrent même le sud de l'Europe et le sud des États-Unis.

Une autre manifestation du changement climatique – les inondations provoquées par des pluies violentes et soutenues – favorise la multiplication des moustiques qui trouvent dans d'immenses étendues d'eau stagnante un milieu propice à leur reproduction. En outre, le chaos engendré par ces événements extrêmes rend impossibles les interventions des services d'hygiène et de santé qui auraient pu contenir l'explosion des populations de moustiques.

Les autres fièvres transmises par les moustiques, au premier rang desquels la dengue, sont loin derrière la malaria en nombre de personnes infectées et de décès, mais elles sont elles aussi sur des trajectoires ascendantes favorisées par le changement climatique, en expansion numérique et géographique. Le journal médical *The Lancet* indique, dans son numéro du 8 mars 2025, que l'Institut Butantan de Sao Paulo achève de mettre au point un vaccin protégeant des quatre principales formes de dengue, qui a le grand avantage sur ses prédécesseurs de pouvoir être administré en une seule dose.

Il semble que depuis toujours l'humanité soit confrontée à la malaria, et s'efforce de la prévenir ou de la guérir. Les remèdes ont très significativement progressé au cours des dernières décennies. Prévenir est en revanche un travail de Sisyphe, car les adversaires, moustiques et parasites, tendent à s'adapter génétiquement aux interventions biochimiques préventives. La génétique pourrait-elle être retournée contre eux ? Des équipes de chercheurs y travaillent, réparties dans des réseaux d'instituts majoritairement africains, dans le cadre du projet Target Malaria coordonné à partir de l'Imperial College London. Dans un article majeur publié par *The Conversation*[1], le directeur de l'équipe basée au Burkina Faso expose des méthodes innovantes en cours d'élaboration. En voici un exemple :

> « Un autre projet sur lequel nous travaillons consiste à libérer des moustiques mâles génétiquement modifiés, [...] portant un gène avec un "penchant mâle". Autrement dit, ils ont été modifiés pour produire uniquement une descendance mâle. [...] Cela relève d'une mise en œuvre de la stratégie du "gene drive" ; une technique du génie génétique conçue pour augmenter la probabilité qu'un gène spécifique soit transmis aux générations futures à un taux plus élevé que ce qui se produirait normalement dans le cadre de l'hérédité traditionnelle. [...] Normalement les gènes ont une chance sur deux d'être hérités mais les systèmes d'entraînement génétique [appelés "gene drive"] pourraient porter cette chance à plus de 99 %. Cela signifie qu'au cours de plusieurs générations, un caractère sélectionné pourrait devenir de plus en plus courant au sein d'une espèce spécifique. »

1. Abdoulaye Diabaté, « Moustiques génétiquement modifiés et lutte contre le paludisme en Afrique : des avancées prometteuses », *The Conversation*, 3/09/2024.

L'auteur énumère alors les avantages de l'approche de la prévention par modification génétique :

> « [L]a population locale n'a pas besoin de modifier son comportement, ni d'acheter du matériel, et elle ne dépend pas des systèmes de santé. [...] [L]es moustiques se propagent d'eux-mêmes et font le travail à notre place. »

Les perspectives sont assurément encourageantes.

Un héritage malvenu de la destruction des forêts tropicales

Sous l'action des hommes, la forêt tropicale rétrécit et se fragmente, diminuant d'autant les espaces à la disposition des animaux sauvages. Ceux-ci reviennent parcourir les espaces qui étaient antérieurement les leurs et qui sont maintenant occupés par des hommes et les animaux que ceux-ci élèvent. Des contacts s'établissent entre animaux sauvages et animaux domestiqués, dans le partage de nourriture par exemple. Les animaux sauvages sont porteurs de microorganismes pathogènes développés au fond de la forêt, qu'à l'occasion ils transmettent aux animaux domestiques. C'est très probablement ce qui s'est passé en Afrique centrale quand de grands singes ont transmis les virus VIH1 et VIH2, amorçant ainsi la dissémination du sida. Et c'est ce qui est maintenant redouté : que des pathogènes, inconnus à ce jour, émergent de forêts de plus en plus ouvertes et déclenchent des épidémies dévastatrices.

Des forêts réduites et morcelées invitent aussi à des contacts en sens inverse : les populations avoisinantes vont y chercher de la viande pour diversifier leurs ressources alimentaires, ou vont y prélever du bois d'œuvre. Au passage, elles récoltent des bactéries ou des virus qui peuvent être à l'origine d'épidémies. Il semble que ce soit la route suivie par le virus Ebola en Afrique de l'Ouest, provoquant des fièvres hémorragiques mortelles dans un cas sur trois en moyenne.

La densité du couvert des massifs forestiers et l'effectif des communautés humaines installées sur leurs franges – en particulier des communautés pauvres – sont de bons indicateurs de la probabilité d'émergence et de transmission de pathogènes logés dans la forêt. Il a été proposé qu'en Afrique l'OMS surveille les pourtours forestiers où les valeurs de ces indicateurs sont particulièrement élevées, afin de guetter l'apparition de maladies jusque-là ignorées.

En Amazonie, il est maintenant possible d'identifier des pathogènes inconnus logés dans la forêt, et d'en évaluer la dangerosité, en utilisant l'information véhiculée par les fourmis légionnaires. Ces fourmis géantes, extrêmement voraces, engloutissent tout ce qu'elles peuvent sur leur chemin, y compris des virus dont elles véhiculent ensuite l'ADN, rendu disponible pour examen par des spécialistes. Ces derniers peuvent alors identifier des virus jusque-là inconnus, évaluer l'intensité de leur présence dans la forêt ainsi que leur dangerosité potentielle s'ils en sortaient – ce dont le changement climatique augmente la probabilité –, voire convaincre qu'il faut se préparer aux effets attendus de leur sortie. Mais ces fourmis si utiles ne survivent ni à la déforestation ni aux incendies.

Concevoir un vaccin pour se protéger d'un virus que personne n'a jamais rencontré, mais qu'une fourmi a trahi, ne relève donc pas de la science-fiction.

Bacilles et virus émergeant du permafrost en désagrégation

En 1731, un jeune Inuit fut désigné pour accompagner la délégation envoyée par le Groenland aux célébrations du couronnement du roi Christian VI du Danemark. Après deux années passées au Danemark, le jeune homme revint au Groenland et mourut d'un « désordre de la peau ». Il s'agissait en fait de la petite vérole, vis-à-vis de laquelle les Inuits n'avaient pas de défense immunitaire : la mort du jeune homme fut le point de départ d'une épidémie qui, en moins d'un an, tua la moitié de la population du Groenland. Un témoin a décrit les tas de cadavres abandonnés sur la neige. Certains bénéficièrent cependant d'une sépulture naturelle, et furent enrobés dans du permafrost en formation. Avec la fonte du permafrost due au changement climatique, ils émergent aujourd'hui, toujours porteurs de germes actifs de la petite vérole. Pas suffisamment actifs cependant pour infecter les humains. Conclusion bienvenue mais sans portée générale, comme le montrent des résultats de recherches récentes conduites sur plusieurs terrains. Ainsi :

- L'investigation de populations de virus contenus dans du permafrost en désagrégation dans le Grand Nord suédois a permis de dénombrer 1907 populations différentes, dont 58 % actives. Qu'un virus soit actif ne signifie pas qu'il soit virulent, et qu'il soit virulent ne signifie pas qu'il soit dangereux pour l'homme. Mais il serait très étonnant qu'ils se révèlent tous bénins.
- Un peu plus de 100 variétés de bactéries mises au jour en Sibérie, la plupart inconnues, se sont révélées résistantes aux antibiotiques que nous utilisons le plus couramment, en dépit de l'absence totale de contacts préalables. Elles peuvent être dangereuses à deux niveaux : directement en infectant des êtres humains, indirectement en cédant du matériel génétique à l'origine des résistances à des bactéries bien connues jusque-là maîtrisées par des antibiotiques.
- Certains microorganismes, parmi lesquels des bactéries et des virus, sont appelés par les biologistes

des Mathusalem, en raison de leur longévité dans le permafrost, jusqu'à un million d'années. Pareille longévité est rendue possible par une remarquable capacité d'adaptation aux modifications de leur environnement ; il s'agit souvent d'interventions qu'ils pratiquent sur leur propre ADN. Cette capacité d'adaptation peut s'exercer à d'autres fins, éventuellement hostiles à l'homme.

Dans l'état actuel des connaissances sur l'évolution du permafrost, on ne peut guère en dire plus, sinon que la menace n'est pas négligeable mais qu'on ne sait pas comment y répondre[1, 2].

---

1. Abdoulaye Diabaté, « Moustiques génétiquement modifiés et lutte contre le paludisme en Afrique », *art. cit.*
2. Kimberley Miner *et al.*, « Emergent biogeochemical risks from Arctic permafrost degradation », *Nature Climate Change*, vol. II, p. 809-819, 2021.

CHAPITRE 9

Adaptation : vivre le changement climatique à Célesteville

Réfugié à Paris où il a appris les bonnes manières et le sens des responsabilités publiques, Babar est invité par le peuple des éléphants à rentrer au pays pour devenir leur roi. Babar inaugure son règne en faisant construire une ville qui sera la capitale du royaume des éléphants : il la baptise Célesteville en hommage à son épouse. Quatre-vingts ans plus tard, Célesteville n'a rien perdu de sa beauté, mais Babar III, deuxième successeur du fondateur, est conscient qu'elle n'est pas adaptée aux effets du changement climatique. Babar III est un souverain jeune et intelligent, déterminé à ne pas laisser les choses en l'état – il entreprend un programme de transformations d'une ampleur comparable au chantier conduit autrefois par son grand-père.

Les déchaînements de la mer constituent le danger le plus immédiat : menace de destruction pour le port et risques d'inondations pour la ville. Tirant parti de l'expérience accumulée aux Pays-Bas, le roi fait appel à un des meilleurs experts du Rijkswaterstaat, l'organisme public chargé de la gestion des eaux. Cet expert fait valoir qu'on ne peut pas vivre derrière des murs hauts de dix mètres, lesquels d'ailleurs pourraient ne pas assurer une protection aussi efficace qu'espérée. Des digues, il en faut, mais en nombre et de taille raisonnables, en les protégeant elles-mêmes des pressions et des chocs que la mer leur inflige. La nature peut y pourvoir, qu'elle soit végétale ou animale. En implantant des mangroves, des marais, des récifs de corail ou des bancs d'huîtres devant les digues, on provoque la dissipation d'une partie importante de l'énergie des vagues, amortissant ainsi les impacts. En ralentissant les courants, ces structures naturelles accélèrent en outre la sédimentation. Les sédiments déposés compensent, en partie au moins, la hausse inéluctable du niveau de la mer ; c'est ce qu'on observe notamment dans la plus grande mangrove naturelle du monde, celle des Sundarbans, au large du Bangladesh, « si épaisse que l'histoire n'y a jamais trouvé une porte d'entrée[1] ».

En ville, les exigences d'un aménagement des espaces publics adapté au changement climatique conduisent à réviser certains choix dont les inconvénients n'apparaissaient pas lors de sa construction. Ainsi, pour la commodité des déplacements, les

1. Salman Rushdie, *Les Enfants de minuit*, Stock, 1983 (*Midnight's Children*, Jonathan Cape, 1981).

chaussées ont été cimentées, mais cela rend impossible la bonne évacuation de pluies dont le changement climatique fait craindre l'intensité. Avec des pluies intenses et violentes, il est impératif d'assurer la pénétration dans le sol en évitant un ruissellement excessif. Il est donc décidé de remplacer le revêtement imperméable existant par des surfaces absorbantes sous une couverture alvéolée, capable à la fois de laisser passer l'eau et d'assurer la sécurité de la circulation des personnes et des véhicules.

On peut apporter à ces conversions de voirie un complément expérimenté en Angleterre et en Écosse, qui permet de faire face à deux effets majeurs du changement climatique : des bassins, profonds de un mètre cinquante à deux mètres, dont le fond est occupé par des plantes à forte capacité de rétention d'eau, mais dont la partie supérieure est tapissée de plantes sélectionnées pour leur résistance à la sécheresse. Ces équipements, quoique utiles, sont de capacité limitée. Pour éviter des déferlements d'eau dans les rivières qui descendent du plateau auquel la ville est adossée, des accords sont conclus avec les agriculteurs exploitant les terres du plateau. Ces accords réservent des surfaces qu'on espère suffisantes pour le drainage et la rétention des eaux de pluie.

Le déficit d'arbres est une autre grave carence héritée de la construction de Célesteville. Trop d'arbres ont été abattus pour faciliter la conduite des chantiers, qui n'ont pas été remplacés. Or les arbres sont essentiels dans une stratégie d'adaptation. Sous leur ombrage la température est moins élevée, et l'humidité persistante. L'arbre est la plus importante composante naturelle d'un urbanisme essentiellement minéral. Arbres des rues et des avenues, arbres des jardins et des parcs, arbres des cours d'école accueillent passants à pied ou à vélo, promeneurs, sportifs, enfants. Comme à Brooklyn, on peut aussi encourager des maraîchers à entretenir sur certains toits des jardins associant légumes et arbres. Les espaces plantés d'arbres favorisent les rencontres et les activités sociales ; selon plusieurs études psychosociologiques, le moral des habitants est manifestement meilleur dans les villes bien dotées en arbres, avec la biodiversité qu'ils abritent. Les arbres contribuent à la santé mentale aussi bien que physique.

On doit aussi mentionner que les arbres fixent le CO_2 ainsi que certains polluants émis par les activités urbaines, cependant que leurs racines stockent de l'eau lorsque celle-ci est surabondante et la restituent lorsqu'elle manque en surface.

Il ne suffit pas de planter des arbres. Il faut choisir judicieusement, sur la base de programmes sérieux de recherche et d'expérimentation, les essences que l'on utilise. Le principe fondamental est le suivant : réaliser l'adéquation des caractéristiques fonctionnelles des végétaux utilisés aux conditions évolutives de l'environnement dans lequel ils seront amenés à vivre. Concrètement, cela signifie qu'ils pourront traverser sans dommages excessifs des périodes de sécheresse ou d'excès d'eau, même sévères, et tolérer la pollution urbaine à laquelle ils seront exposés (dans les cas favorables, cela peut aller jusqu'à réduire certaines pollutions). Les essences sélectionnées doivent également avoir une bonne résistance aux maladies auxquelles les arbres pourraient être exposés, ainsi qu'aux ravageurs qui pourraient les attaquer. On s'assurera enfin qu'il ne s'agit pas d'espèces envahissantes ou allergènes. Sous ces conditions, on peut recommander pour Célesteville l'acacia, le micocoulier de Provence, le ginkgo biloba et certaines variétés de palmiers ; à des latitudes plus septentrionales, le ginkgo reste un bon choix aux côtés du tilleul argenté et de l'érable platane. De mauvais choix peuvent conduire à de sévères déconvenues : déficiences fonctionnelles, mortalité rapide des arbres. En Asie, certaines essences largement utilisées attirent des concentrations d'insectes, au mieux sources de désagréments, au pire, vecteurs de maladies graves. Au Portugal – l'exemple est ici rural et non urbain –, des milliers d'hectares de terres agricoles désertées ont été plantés en eucalyptus ; ce sont des arbres à pousse rapide appréciés dans l'industrie pour leur rotation courte ; mais ils sont aussi très combustibles et ont en 2024 alimenté des incendies dévastateurs dans le nord du pays.

Après l'adaptation des espaces ouverts de la ville, que peut-on faire dans les espaces fermés – habitations et autres immeubles ? Surtout ne pas installer les appareils traditionnels de climatisation car, s'ils refroidissent effectivement l'intérieur, ils réchauffent l'extérieur dans des proportions inacceptables (une généralisation des climatiseurs augmenterait la température ambiante à Paris de 3 à 5 °C).

Des pompes à chaleur réversibles peuvent être une option acceptable. Et davantage encore les systèmes passifs tels que les vitres qui bloquent le rayonnement infrarouge porteur de chaleur. On doit cette innovation à l'entreprise Saint-Gobain qui, ayant eu connaissance du programme d'adaptation entrepris à Célesteville, a proposé une expérimentation de ses vitres, dont les propriétés sont obtenues par la superposition de couches nanométalliques (où des particules d'argent jouent un rôle essentiel) : elles assurent un haut degré de filtrage du rayonnement infrarouge ; en hiver les besoins de chauffage s'en trouvent fortement réduits, et en été la climatisation traditionnelle n'a plus de raison d'être. D'autres matériaux isolants ont beaucoup progressé au cours de la dernière décennie, en ce qui concerne en particulier la capacité d'isolation rapportée au volume d'isolant utilisé.

La végétation, encore elle, peut aussi spécifiquement contribuer à rafraîchir l'intérieur des immeubles. À Célesteville, l'approche mise au point par le cabinet d'architecture milanais Stefano Boeri a été expérimentée. Il s'agit d'insérer à chaque étage d'un bâtiment un mini-jardin comportant notamment de véritables arbres. En période de grande chaleur, ces formations végétales judicieusement placées permettent de faire baisser de 6 à 10 °C la température intérieure. En adaptant des techniques héritées de la Perse antique, des baisses comparables ont été atteintes dans cette ville particulièrement chaude qu'est Séville, le refroidissement étant obtenu à partir de circulations d'eaux froides dans les immeubles. Un concept comparable a été mis en œuvre au village olympique 2024 en Seine-Saint-Denis.

Dans une interview au *Moniteur* datée du 21 avril 2021[1], Anne Lacaton et Jean-Philippe Vassal – lauréats de la plus haute distinction internationale en architecture, le prix Pritzker, pour l'ensemble de leur œuvre exceptionnelle de rénovation d'immeubles, notamment sociaux – affirment leur conviction que « c'est le plaisir d'être bien dans un espace qui rend les gens responsables ». Effectivement, l'alliance de techniques efficaces et d'incitations à des comportements intelligents et responsables est la clé d'une adaptation maîtrisée.

Rotterdam et Célesteville comportent toutes deux des quartiers où sont installés des « immigrés »

1. Jean-Jacques Degiovanni, « Éloge de la réparation », *Le Moniteur*, 21/04/2021.

– dans le cas de Célesteville, singes, girafes, hippopotames, rhinocéros… – que le fondateur, le roi Babar, avait pris soin d'intégrer dans la conduite des affaires publiques. S'inscrivant dans cette tradition, Babar III associe toutes les composantes nationales et culturelles de la population à la conception et à la réalisation de la conversion de Célesteville.

Profitant d'un déplacement à Paris dont l'objectif est de participer à une cérémonie à la mémoire de son grand-père, Babar III a rencontré des membres de la mission Paris 2050 pour l'adaptation de la ville de Paris au changement climatique. Cela lui a permis d'approfondir des enjeux quelque peu négligés jusque-là à Célesteville :

- la désimperméabilisation des sols partout où c'est possible, pour faciliter l'évacuation d'eaux de pluies particulièrement violentes et soutenues.
- la gestion de l'eau, bienfaisante cette fois, en période de canicule : cela suppose de mettre à disposition des habitants des points d'eau publics, équitablement répartis, présents notamment dans des abris à température contrôlée prévus pour accueillir les personnes les plus vulnérables.

Il ne devrait pas être trop difficile de transposer dans des villes humaines, celles du moins qui en ont les moyens humains et matériels, les composantes de l'entreprise d'adaptation menée à Célesteville. À une exception près, mais elle est de taille. À Célesteville, il n'y a pas de discrimination entre privilégiés protégés et damnés du climat, pour reprendre l'opposition décrite par George Monbiot dans ses contributions au *Guardian* : tous ont accès aux arbres, à l'eau, à des habitations correctement isolées et sont intégrés dans les délibérations publiques. Une adaptation réussie est inenvisageable si une population est déchirée par les discriminations. Or les discriminations sont caractéristiques de la plupart des communautés humaines. Barcelone, Copenhague, Hambourg et Rotterdam sont plutôt des exceptions. Le cas de Hambourg mérite d'être cité pour le contrat que les autorités de cette ville-État ont signé avec des associations de citoyens impliqués dans la conservation des espaces verts et des écosystèmes formant la trame écologique de la ville, pour garantir la pérennité de cette trame et pour répartir les responsabilités et les tâches entre administrations et associations. A contrario, à Madrid, les autorités municipales font abattre les arbres sur les places centrales pour que les touristes aillent chercher refuge dans les galeries marchandes voisines. Entre ces deux pôles, il y a un marais de villes qui cherchent à agir certes, mais sans avoir réellement pris la mesure des problèmes. Quant aux villes des pays pauvres qui ont particulièrement besoin de programmes d'adaptation mais n'ont pas les moyens de les mettre en œuvre, il est impératif que les pays riches les leur fournissent.

CHAPITRE 10

La géoingénierie

Extraire du CO_2 de l'atmosphère : s'engager sur cette voie interroge

En 2024, la température moyenne de notre Planète a pour la première fois dépassé +1,5 °C, cet objectif ultime de l'accord de Paris. De façon quasi certaine, ce niveau sera de nouveau dépassé et de façon répétée au cours de la prochaine décennie. Les trajectoires d'émissions de gaz à effet de serre sont telles que les +2 °C le seront avant 2050, peut-être même d'ici 2040. Ce dépassement qualifié d'*overshoot* peut n'être que temporaire. Mais pour cela il faut mettre en œuvre des mesures qui permettent de diminuer les quantités de CO_2 dans l'atmosphère, et plus précisément de diminuer l'effet de serre. On parle alors d'émissions négatives.

Même temporaire, ce dépassement aura des impacts irréversibles sur certains écosystèmes à faible résilience, tels que les écosystèmes polaires, montagneux et côtiers. La hausse de la mortalité due aux vagues de chaleur, les extinctions d'espèces, la disparition de certains glaciers, la fonte du permafrost (ces sols gelés depuis des millénaires) et le risque d'émissions de méthane qui y sont associées ne sauraient être évités. Un tel dépassement augmenterait aussi la probabilité de déclencher des points de bascule, comme la disparition des calottes glaciaires du Groenland et de l'Antarctique de l'Ouest, ou le dépérissement de l'Amazonie.

Différentes méthodes permettent d'extraire du CO_2 de l'atmosphère :

- La capacité de la végétation à piéger du carbone offre des possibilités : afforestation (sur un territoire non boisé à l'origine), reforestation (forêts naturelles), meilleure gestion des forêts associée à l'utilisation du bois comme matériau de construction et développement de l'agroforesterie. Le carbone peut aussi être séquestré dans les sols – surfaces agricoles, prairies, tourbières, zones humides – ou encore sous forme de biochar (sorte de charbon de bois qui permet d'en améliorer la productivité).
- Une deuxième catégorie s'appuie sur des méthodes chimiques ou géochimiques. Le CO_2 peut être capturé directement depuis l'atmosphère. Il doit ensuite être stocké de façon pérenne. Le piégeage du CO_2 à la sortie d'une centrale suivi de son stockage (CCS, *Carbon Capture and Storage*) ou d'une réutilisation n'est pas

considéré comme méthode d'extraction lorsque cette centrale utilise des combustibles fossiles. Mais l'utilisation de biomasse comme source d'énergie et le CCS peuvent être combinés. Les scénarios du GIEC font largement appel à ce BECCS (*Bioenergy* + CCS) pour réduire les quantités de CO_2 dans l'atmosphère. Enfin, des processus naturels de piégeage comme l'altération des silicates ou d'autres minéraux peuvent être stimulés.

• Des possibilités sont également évoquées pour un piégeage dans l'océan, soit à travers une approche géochimique visant à augmenter son alcalinité, soit avec l'objectif d'en augmenter la productivité. La découverte du rôle limitant du fer dans la productivité de très vastes régions océaniques, et donc de leur capacité à absorber du carbone, est à l'origine de l'idée de fertilisation intentionnelle de l'océan.

S'engager sur cette voie interroge. C'est le moins que l'on puisse dire : consommations d'eau et d'énergie importantes pour certaines d'entre elles, conséquences pour la biodiversité sur les continents et sur la vie marine, risques de déstockage du carbone liés à des feux de forêt ou à des sécheresses répétées, émissions de protoxyde d'azote associées à l'utilisation de fertilisants destinés à augmenter la production de la biomasse, insécurité alimentaire résultant de l'extension des surfaces consacrées à la production de biomasse dédiée à l'énergie…

C'est surtout un véritable défi en termes d'ordre de grandeur, comme l'illustre une étude conduite sur les conditions d'un retour vers les objectifs de l'accord de Paris après un dépassement temporaire des +2 °C[1]. La possibilité de revenir à des températures proches de +1,5 °C après une telle séquence tient quasiment du rêve. C'est jusqu'à 1 000 milliards de tonnes de CO_2 qu'il faudrait pomper d'ici 2100, soit de l'ordre de vingt-cinq années d'émissions au rythme actuel.

Audrey Garric parle de mirage, dans un article paru en octobre 2024 dans *Le Monde*[2]. Un tel déploiement d'ici 2100 n'est tout simplement pas envisageable. Pour avoir des chances de revenir ne serait-ce qu'autour de +2 °C, il faut limiter cet *overshoot* quasi inévitable. Or c'est aujourd'hui qu'il faut agir, en stabilisant rapidement nos émissions puis en les réduisant de façon extrêmement rapide. Si nous restons trop longtemps sur cette trajectoire qui nous emmène de façon délibérée vers les +3 °C, il sera impossible de revenir d'ici la fin du siècle vers les niveaux visés par l'accord de Paris en extrayant du CO_2 de l'atmosphère.

---

1. Carl-Friedrich Schleussner *et al.*, « Overconfidence in climate overshoot », *Nature*, vol. 634, p. 366-373, 2024.
2. Audrey Garric, « Climat : le mirage d'un retour en arrière, après avoir dépassé 1,5 °C de réchauffement », *Le Monde*, 9/10/2024.

Nous n'avons pas d'autre choix que de diminuer rapidement nos émissions

Diminuer rapidement notre utilisation de combustibles fossiles est donc un impératif. À Dubaï en 2023, la COP28 faisait « état d'une sortie progressive des énergies fossiles afin d'atteindre la neutralité carbone d'ici 2050, conformément aux préconisations scientifiques ». Pour la première fois, le terme « combustibles fossiles » est cité dans le texte final d'une COP climat. C'est encourageant et il est extrêmement regrettable que cette notion de « sortie progressive » n'ait pas été reprise à Bakou dans le texte issu de la COP29. Mais surtout : pourquoi avoir attendu si longtemps alors que le rôle de ces fossiles dans le réchauffement de notre Planète est clairement affirmé depuis des décennies ? Et alors que nous avons cette double certitude : non seulement le CO_2 produit par la combustion du charbon, du pétrole et du gaz est largement responsable du réchauffement que connaît aujourd'hui notre Planète, mais ne pas en abandonner rapidement l'utilisation aura des conséquences telles qu'il sera difficile, voire impossible, pour les jeunes d'aujourd'hui de s'adapter.

Face à cet impératif, l'OPEP juge que la sortie des énergies fossiles est un « fantasme ». Nous sommes donc loin du compte mais, même en cas de sortie rapide de ces énergies, extraire du CO_2

de l'atmosphère sera indispensable pour atteindre la neutralité carbone, car certaines émissions résiduelles sont impossibles à éviter, en particulier dans l'agriculture. Il faut donc en assurer le développement en maîtrisant au maximum les conséquences que leur mise en œuvre aura sur l'environnement. Mais que nous sommes égoïstes… ! Dans le meilleur des cas, ces méthodes d'extraction ne seront opérationnelles à large échelle que d'ici une ou deux décennies. Nous demandons donc aux jeunes d'aujourd'hui de pomper le CO_2 que collectivement, à l'échelle planétaire, nous continuons à émettre alors que nous devrions nous engager vers la neutralité carbone.

L'ensemble de ces méthodes permettant d'extraire du CO_2 de l'atmosphère constitue un premier volet de la géoingénierie qui, d'après le GIEC, désigne « un vaste ensemble de méthodes et de techniques visant à modifier délibérément le système climatique pour lutter contre les effets du changement climatique ».

Modifier le rayonnement solaire : une épée de Damoclès sur les jeunes générations

Un second type de géoingénierie vise à modifier le rayonnement solaire. Ces méthodes incluent des options qui modifient l'albédo de surface (c'est-à-dire la part des rayonnements solaires qui est renvoyée vers l'atmosphère), en repeignant par exemple les toits en blanc. D'autres cherchent à éclaircir les nuages qui se forment au-dessus de la mer en y augmentant la quantité de noyaux de condensation ou à réduire la profondeur optique des cirrus (nuages présents dans la couche supérieure de la troposphère) en les ensemençant de particules de nucléation de glace. Une autre méthode qui consisterait à placer des réflecteurs en orbite de sorte à diminuer la quantité de lumière solaire arrivant sur la Terre apparaît complètement utopique.

Une approche focalise l'attention : l'injection d'aérosols réfléchissants dans la stratosphère vise à imiter les effets du refroidissement (de quelques dixièmes à un degré) qui fait suite pendant quelques années aux éruptions volcaniques majeures. Mais cette injection pourrait conduire à une diminution globale des précipitations et à des modifications des moussons ou encore du cycle de l'ozone. Et, dans l'hypothèse où ces impacts secondaires seraient mineurs ou maîtrisables, cette injection d'aérosols se ferait dans un contexte où les concentrations en CO_2 continueraient à augmenter. Pour être efficaces, elles devraient donc être de plus en plus massives. Le réchauffement pourrait être effectivement jugulé, mais l'acidification des océans se poursuivrait.

Et que se passerait-il si celles-ci devaient cesser ? À cause de conséquences non anticipées ou de difficultés liées à leur mise en œuvre ou à leur gouvernance, devenant source de conflits ? Un tel arrêt se traduirait par un réchauffement très rapide et un choc terminal aux conséquences très probablement encore plus dommageables que celles résultant de la seule augmentation de l'effet de serre, car il n'y aurait pratiquement plus aucune possibilité d'adaptation. Ce serait une véritable bombe à retardement pour nos enfants et petits-enfants et, pour cette seule raison éthique, elle devrait être proscrite.

On comprend donc que cette approche soit très controversée. En mars 2024, l'université Harvard a d'ailleurs renoncé à l'expérience SCoPEX (*Stratospheric Controlled Perturbation Experiment*) qui allait dans ce sens, ce qui n'a pas empêché une start-up d'en réaliser une, à moindre échelle. En 2022, un collectif de scientifiques du climat appelait à un accord de non-recours à la « géoingénierie solaire », mais un an plus tard, un autre collectif de scientifiques, principalement américains, plaidait pour le soutien à des recherches incluant des simulations et des expériences de terrain « à petite échelle ».

Les promoteurs de cette méthode ont acquis, tout au moins concernant la nécessité de poursuivre voire d'intensifier les recherches sur la « géoingénierie solaire », le soutien de Joe Biden et des Académies des États-Unis[1]. Ils avancent que son utilisation

1. National Academies of Sciences, Engineering, and Medicine, *Reflecting Sunlight: Recommendations for Solar Geoengineering*

pourrait être limitée dans le temps avec pour seul but d'éviter un *overshoot* qui obèrerait la possibilité de revenir autour de +1,5 °C et rendrait difficile un retour bien en deçà de +2 °C. La main sur le cœur, ils répètent que la priorité absolue est de diminuer rapidement les émissions.

Ce n'est semble-t-il pas le credo des pays producteurs de combustibles fossiles, notamment les États-Unis, et encore moins depuis l'élection de Donald Trump et de son « Drill, baby, drill ». Leur rêve est de continuer à produire sans entraves et de s'appuyer sur ce technosolutionnisme de mauvais aloi pour éviter que le réchauffement planétaire ne se poursuive indéfiniment. Le financement ne devrait pas les arrêter car certains des milliardaires qui ont fait fortune dans la tech assimilent ces nouvelles façons de lutter contre l'impact dévastateur du changement climatique à un immense terrain de jeu avec, à la clé, d'importantes sources de profits. C'est donc de façon délibérée qu'ils mettent en péril l'avenir des jeunes générations.

Research and Research Governance, The National Academies Press, 2021.

CHAPITRE 11

S'organiser pour tenter de vivre décemment

Le 12 décembre 2015, 195 pays plus l'Union européenne ont adopté l'accord de Paris sur le climat. Une véritable réussite diplomatique, qui laissait espérer une sérieuse réduction des émissions de gaz à effet de serre (GES). Le contraire s'est produit. Très rares sont les pays qui respectent leurs engagements, pourtant insuffisants pour parvenir à l'objectif collectif. Ce retard, pour le moins préoccupant, nous invite à questionner en profondeur la manière dont nous nous conduisons individuellement et collectivement. La tâche peut sembler herculéenne, mais l'enjeu est tout simplement vital pour notre espèce et, de manière plus sensible, pour nos proches, nos enfants et petits-enfants.

Rappelons tout d'abord que la question climatique est au cœur d'une extraordinaire injustice mondiale. Les pays les plus riches qui émettent le plus de GES disposent des moyens de s'adapter aux conséquences de la dérive climatique, au moins dans certaines limites. Les pays les moins développés en émettent beaucoup moins, et sont les premières victimes – démunies – de cette dérive. Voilà pourquoi la question des transferts « Nord-Sud » est au cœur des négociations internationales depuis quelques années : un engagement de 100 milliards de dollars par an a été pris en 2009 à l'horizon 2020. Il a été atteint en 2023. Mais selon les économistes Vera Songwe, Nicholas Stern et Amar Bhattacharya[1], le monde a besoin d'une nouvelle feuille de route pour financer la lutte contre le changement climatique afin de mobiliser, d'ici 2030, 1 000 milliards de dollars par an à destination des marchés émergents et des pays en développement (autres que la Chine). Pour réduire le poids de cette aide sur les finances publiques des pays financeurs trois économistes, Heleen de Coninck, Yannick Glemarec et Maria Netto Schneider ont proposé la mise en place d'un mécanisme de garantie multisouverain[2]. Le Fonds monétaire international pourrait financer des projets climatiques grâce à sa facilité pour la résilience et la durabilité, en particulier par l'émission de droits de

---

1. Voir leur rapport « Finance for climate action : scaling up investment for climate and development », Grantham Research Institute on Climate Change / LSE, 2022.
2. Une telle garantie, adossée à la capacité de paiement d'un groupe de pays bénéficiant des meilleures notes de crédit, réduirait les risques et pourrait permettre de mobiliser les flux privés à moindre coût. Voir l'article du *Monde* : « COP29 : "Un mécanisme de garantie multisouverain est nécessaire" », 18/10/2024.

tirage spéciaux[1]. Il existe donc des solutions d'ingénierie financière, et elles sont à notre portée si nous en avons la volonté politique. Quoi qu'il en soit, cette question va s'avérer centrale dans les années à venir.

L'Europe a sa part à faire dans cet exercice de solidarité. Elle se révèle moins à la traîne que d'autres pays, vraisemblablement parce qu'elle a plus à y gagner : réduire sa consommation d'énergies fossiles, c'est réduire sa dépendance et sa facture commerciale vis-à-vis de pays qui ne sont pas des alliés ou, comme les USA, se comportent comme s'ils ne l'étaient plus. Que peut-elle et que doit-elle faire ?

Fixer un cap et une trajectoire

Tout d'abord, l'Union européenne et chaque État membre doivent fixer un cap et un cadre clairs et indiscutables aux acteurs privés. Au cours de son dernier mandat, la Commission européenne a lancé le « pacte vert » et s'est dotée d'objectifs très ambitieux. La France vise la neutralité carbone en 2050 et doit ajuster sa trajectoire à celle qui aura été retenue en Europe d'ici 2030. Elle a créé, en 2022,

1. Voir le rapport du Center for Economic and Policy Research, « Droits de tirage spéciaux : l'outil adapté pour répondre à la pandémie et aux autres défis », 13/05/2022.

un secrétariat général à la Planification écologique rattaché au Premier ministre. Ces initiatives doivent être maintenues, soutenues et amplifiées.

L'État et les collectivités locales le savent : ils ont une responsabilité de premier plan, car la réalisation des investissements nécessaires à la transition s'élève annuellement à plusieurs dizaines de milliards d'euros supplémentaires par rapport à ce qui se fait aujourd'hui. Sans compter, pour mener à bien la transition écologique, les dépenses liées à la préservation de la biodiversité et les dépenses d'adaptation (infrastructures plus résilientes, sécurisation des ressources en eau douce, protection des littoraux...).

Cesser de subventionner les activités polluantes et les pénaliser toujours plus

L'État doit en priorité s'assurer que ses dépenses ne sont pas de nature à aggraver la crise écologique. Ce n'est toujours pas le cas. En 2022, le Fonds monétaire international[1] a estimé à plus de 7 000 milliards de dollars le montant mondial des subventions explicites et implicites : celles-ci correspondent à la sous-tarification des coûts

1. Voir Simon Black *et al.*, « IMF Fossil Fuel Subsidies Data : 2023 Update », *art. cit.*

environnementaux et au manque à gagner pour la fiscalité de la consommation.

En France, les fossiles sont encore subventionnés car il s'agit d'énergies fossiles : la suppression de ces subventions se heurte à la résistance de certains de leurs bénéficiaires. Le bouclier tarifaire – mis en place à la suite de la crise du Covid-19 et l'entrée en guerre de la Russie contre l'Ukraine – s'est avéré extrêmement coûteux pour les finances publiques, mais aussi contre-productif, en aidant les ménages aisés à consommer de l'énergie.

L'État a également pour tâche ingrate de pénaliser les activités polluantes et celles qui participent de la destruction de la nature. La fiscalité carbone en est un exemple, mais il existe d'autres taxes écologiques en France et en Europe : elles sont hélas encore insuffisantes et pèsent peu dans l'ensemble des prélèvements obligatoires alors que, paradoxalement, le travail en subit beaucoup plus. Enfin, les aides publiques doivent aller « dans le bon sens ». Le crédit d'impôt recherche, qui compte parmi les dispositifs les plus importants mis en place pour les entreprises, pourrait ainsi être « verdi ». Il semble en effet aberrant de soutenir, par ce dispositif, des projets incitant à la consommation d'énergies fossiles ou favorisant les émissions de gaz à effet de serre, alors que tous les efforts de recherche devraient être tournés vers la préservation de notre Planète.

La taxe carbone, nécessaire mais pas suffisante

Les ménages et les entreprises ont des désirs et des intérêts qui n'ont aucune raison de prendre en compte la sauvegarde du climat et de la Planète. Les économistes du climat les plus écoutés proposent une solution – donner un prix au carbone : nous serons ainsi amenés, par un simple calcul économique, à privilégier entre deux options la moins carbonée. Du fait de l'évolution de la demande et des différences de coûts, les entreprises, soumises elles aussi à ce « signal-prix », devront développer en priorité des solutions bas-carbone. Il existe une taxe carbone dans une dizaine d'États membres et, en Europe, un mécanisme a été mis en place pour les grandes entreprises : le marché européen de quotas de CO_2. En complément, il est essentiel de protéger nos industries contre une concurrence qui serait déloyale, utilisant des énergies carbonées moins chères. C'est le but du mécanisme d'ajustement carbone aux frontières – celui-ci doit être renforcé.

Pourtant, selon les travaux du secrétariat général à la Planification écologique (SGPE), un quart seulement du total des investissements à réaliser d'ici 2030 pour atteindre la neutralité carbone sont rentables et portés par des acteurs ayant la capacité de les mettre en œuvre. Il faudrait donc fixer un signal-prix carbone beaucoup plus élevé, sur une assiette plus large que les dispositifs actuels. Il est évidemment souhaitable d'avancer dans cette direction. Mais si cet outil est indispensable, il est aussi insuffisant : d'une part, les calculs des mêmes économistes le situent à des niveaux difficilement acceptables socialement, d'autre part, il ne répond pas à la seconde limite identifiée par le SGPE, la capacité des acteurs à agir. Enfin, elle bute dans la majorité des pays sur un refus largement partagé des citoyens. Les gouvernements démocratiques du monde entier renâclent face à cette option, craignant le réveil des « gilets jaunes » dont le mouvement ne leur a pas échappé.

Revoir les règles budgétaires européennes de toute urgence

En bonne logique, et face à l'ampleur des enjeux évoqués ici, les règles budgétaires, qui s'appliquent à tous les États européens, devraient permettre de « sanctuariser » les dépenses publiques favorables à la transition. Il n'en est rien. Elles visent à limiter, sans aucune distinction, le déficit public annuel à 3 % du PIB et la dette publique à 60 % du PIB. Les conséquences de ces règles sont malheureusement prévisibles : elles obligent la plupart des gouvernements à réduire leurs dépenses ou à augmenter la fiscalité, ce qui aura pour conséquence l'accroissement des inégalités sociales et un financement insuffisant des investissements.

Durcir les réglementations

Les États et la Commission européenne ont la possibilité d'actionner des leviers réglementaires. Lancée fin 2019, la convention citoyenne pour le climat a d'ailleurs démontré que ces leviers peuvent être compris par les citoyens, dès lors que les enjeux sont expliqués et leur semblent appropriés. La limitation de la vitesse à 110 km/h sur les autoroutes en est l'exemple le plus emblématique. Cette convention citoyenne offre un lieu remarquable de pédagogie de groupe, hélas exposé au sabotage des pouvoirs publics...

Prenons deux autres exemples : la question de la publicité et celle de l'économie circulaire. Le citoyen est aujourd'hui soumis à des messages contradictoires, la publicité l'incitant à acheter toujours davantage de biens de plus en plus sophistiqués, avec pour conséquence des empreintes environnementales de plus en plus élevées. La publicité devrait être régulée par la puissance publique, et mise au service de la sortie des énergies fossiles et de la sobriété. Deuxième exemple, la puissance publique peut accélérer le passage à l'économie circulaire : en rendant obligatoire, par grandes filières de matériaux, un taux d'incorporation de matériaux recyclés. Seule une telle action permettra de limiter l'extraction de matières et d'énergie à un niveau soutenable, sachant que la croissance de cette extraction doit être maintenue à un taux inférieur à 1 % par an.

Contraindre les entreprises émettrices de GES

Rappelons que moins de soixante producteurs de pétrole, de gaz, de charbon et de ciment sont à l'origine de 80 % des émissions mondiales de CO_2 fossile. Ces sociétés sont les principaux moteurs de la crise climatique. Les multinationales de l'agroalimentaire sont, quant à elles, hautement responsables de la destruction de la biodiversité et gros émetteurs de GES (à travers les intrants comme les engrais en amont et le méthane des ruminants en aval des productions agricoles). Quatorze grands groupes règnent sur ce secteur. Le monde des mines et du négoce de matières premières minérales est contrôlé par une petite douzaine de multinationales qui supervisent la grande majorité de l'activité minière.

Ces gigantesques entreprises ont donc une responsabilité majeure dans la tragédie que nous vivons. Dès lors, qu'est-il possible de faire ? Attachons-nous, à titre d'exemple, au secteur des énergies fossiles.

Tout d'abord interdire l'exploration et l'extraction de nouveaux champs d'énergies fossiles

Cette mesure a pour objectif essentiel de casser la croissance des émissions de GES. Elle devrait être déployée dans le monde entier et selon un agenda qui permettrait aux entreprises concernées de la mettre en œuvre, tout en tenant compte de ses impacts sociaux. La responsabilité directe de l'Europe étant relativement modeste – elle ne peut agir seule – comment, dès lors, mobiliser le reste du monde ? En bloquant les importations en provenance d'entreprises qui ne respectent pas ces contraintes en dehors de l'Europe. Pour ce faire, elle doit décider d'une trajectoire de sobriété énergétique et d'un mix décarboné, ce qui, rappelons-le, est dans son intérêt stratégique. Elle doit ensuite inlassablement porter cet objectif dans toutes les grandes instances de négociation internationale, qu'importent les pressions américaines qui vont aller crescendo avec le retour de Donald Trump au pouvoir.

Cette interdiction de tout nouveau projet d'extraction d'énergies fossiles pourrait se généraliser aux autres entreprises du secteur primaire (extraction de minéraux, agroforesterie et pêche notamment), en sanctuarisant définitivement des zones naturelles terrestres ou marines, afin qu'aucun projet d'extraction, d'exploitation agricole ou de pêche ne puisse y être envisagé. Pour la gestion forestière, il s'agirait d'interdire les modes de gestion qui ne respectent pas un rigoureux cahier des charges (incluant les enjeux de biodiversité et les effets du changement climatique). Enfin, concernant la pêche, il devient urgent de développer la pêchécologie[1], d'interdire l'emploi des méthodes de guerre utilisées par les grands chalutiers et de faire respecter la loi dans les zones maritimes protégées.

Il faut ensuite imposer aux entreprises concernées un agenda et une trajectoire de réduction de la production d'énergies fossiles et plus généralement de GES

Les entreprises pétro-gazières ont augmenté massivement leurs investissements dans l'exploration et l'extraction des combustibles fossiles et dans la diversification des composés chimiques toxiques. Et ne semblent pas près de s'arrêter. Il faut donc leur imposer une trajectoire compatible avec un scénario –2 °C, et ainsi les obliger à réduire drastiquement ces investissements. Cela ne pose aucun problème de méthode : une directive européenne (la CSRD) impose la communication des plans de transition afin d'accorder les trajectoires des entreprises à un tel scénario. Elles doivent en outre chiffrer les coûts de cet alignement. Cette mesure pourrait s'appliquer à tout gros émetteur (direct ou indirect) de GES.

1. Voir le livre de Didier Gascuel, *La Pêchécologie. Manifeste pour une pêche vraiment durable*, Quæ, 2023.

Obliger les entreprises à enregistrer dans leur bilan comptable et financier les atteintes à la santé humaine et aux ressources naturelles

Les bénéfices cumulés des entreprises du CAC 40 ont dépassé 146 milliards d'euros en 2023. Parmi ces entreprises, certaines continuent de développer des activités qui détruisent les conditions de vie humaine sur notre Planète. Tout en enrichissant leurs actionnaires. Les dommages à la santé et à la nature qui financent implicitement toutes ces entreprises prédatrices ne sont pas comptabilisés. Elles distribuent donc des dividendes fictifs. La rentabilité et le profit ne sont pas les causes directes des désordres sociaux et écologiques auxquels nous assistons au niveau planétaire ; c'est le fait qu'ils ne soient pas asservis à des objectifs humains et sociaux souhaitables qui est critiquable. Comment faire ?

La nature n'est pas rémunérée pour les biens qu'elle fournit et les services qu'elle rend (en l'occurrence les énergies fossiles, et le service de régulation qu'offre un climat globalement stable et adapté au monde vivant). Elle ne réclame pas de dédommagements pour les préjudices qu'elle subit. Cette anomalie doit être corrigée : en rendant obligatoire la comptabilisation, au bilan des entreprises, des prélèvements dont elles dépendent et des impacts négatifs de leur activité.

Contraindre les banques et acteurs financiers à ne plus financer ni assurer les activités émettrices de GES

Les entreprises polluantes sont financées et assurées par les acteurs du secteur financier. Ce secteur a donc sa part de responsabilité dans la tragédie en cours. Il peut refuser de soutenir les entreprises qui persistent à développer de nouveaux projets de pétrole et gaz – comme le secteur bancaire français l'a fait pour le charbon. Pour accompagner une véritable transformation économique au service des objectifs fixés par l'accord de Paris, il est donc nécessaire que les mesures évoquées soient imposées aux banques et financiers afin de contraindre les entreprises elles-mêmes. Il faut les obliger à couper fermement le robinet qui alimente les nouveaux projets fossiles, via tous les soutiens financiers directs et indirects aux entreprises qui y contribuent, et à conditionner ces soutiens au respect de trajectoires compatibles avec l'accord de Paris.

C'est accessible par voie réglementaire s'appliquant à toutes les banques opérant en Europe.

Le pouvoir des banques centrales

L'activité des banques commerciales (publiques ou privées) est fortement encadrée et régulée. Les banques doivent respecter un certain nombre de ratios qui visent principalement à limiter les risques de fraude et de faillite et sont soumises à des réglementations très nombreuses.

La Banque centrale européenne (BCE) est le superviseur des plus grandes banques de la zone euro. Que peut-elle faire en matière climatique ? En 2021, elle a adopté un programme d'action visant à prendre en compte les impératifs climatiques dans le cadre de ses opérations. Elle a notamment intégré des critères climatiques dans ses rachats de dettes d'entreprise. Mais elle peut aller beaucoup plus loin. Elle peut exiger des collatéraux verts (des instruments de financements bancaires d'investissements de la transition écologique, mis en garantie) pour ses opérations de refinancement ; elle peut imposer des taux d'intérêt plus élevés pour les prêts bruns que pour les prêts verts. Elle peut exiger des besoins en capitaux plus élevés quand les actifs bancaires sont « bruns ». Un autre moyen dont elle dispose, le plus puissant sans doute, consiste en l'injection de monnaie centrale dans l'économie.

Peut-on imaginer que la force de frappe monétaire de la BCE (dont a usé Mario Draghi, alors qu'il en était président, pour sauver l'euro) soit utilisée afin d'éviter la peste de la dérive climatique et le choléra de la paupérisation sociale ? Démocratiquement contrôlée et correctement utilisée, voilà sans doute la seule manière de financer des activités insuffisamment rentables. Son caractère inflationniste n'a rien d'une fatalité, contrairement aux idées reçues. Tout dépend de l'ampleur du sous-emploi dans les secteurs concernés et de la capacité des entreprises à se développer rapidement pour faire face à une hausse de la demande.

Plusieurs propositions ont été imaginées à ce stade. Nous n'évoquerons ici que la plus significative : la création de « monnaie hélicoptère[1] », c'est-à-dire de la monnaie directement distribuée par une banque centrale aux entreprises et aux ménages. Rappelons que, dans la pratique, la majorité de la monnaie en circulation, dite scripturale, est créée par les établissements bancaires à l'occasion des prêts qu'ils accordent. Quant à la Banque centrale, elle imprime les billets. Elle n'a pas le droit de prêter directement aux États de la monnaie, c'est strictement interdit par les traités européens. En revanche, ces mêmes traités n'interdisent pas la fourniture de monnaie aux agents économiques.

Cette proposition a été faite dès les années 1960, notamment par Milton Friedman. Elle a été jugée « très intéressante » par Mario Draghi, en 2016. L'usage de cette monnaie hélicoptère doit être ciblé

1. Voir le livre d'Alain Grandjean et Nicolas Dufrêne, *Une monnaie écologique*, Odile Jacob, 2020. Et le rapport d'Éric Monnet pour le Conseil d'analyse économique « La monnaie hélicoptère dans le bilan de la Banque centrale », 2021.

et déterminé sous contrôle démocratique, en priorité au profit d'activités d'intérêt général, notamment pour des secteurs non financés ou mal financés par le marché. C'est le cas des investissements non rentables de la transition énergétique, et de la majorité des investissements nécessaires pour s'adapter au changement climatique. Francfort pourrait ainsi émettre de la monnaie numérique de banque centrale qui aurait exactement le même statut que la monnaie fiduciaire et pourrait être distribuée directement aux ménages et aux entreprises en fonction de critères qu'il nous appartient de définir collectivement et démocratiquement. On pourrait aussi imaginer que seules certaines transactions (favorables à la bifurcation écologique selon la taxonomie de la Commission européenne ou d'autres critères à discuter) soient autorisées avec cette monnaie. Pour ce faire, il est souhaitable de prévoir la création d'un conseil européen du crédit[1], tout à fait possible dans le cadre juridique actuel.

Comment s'y prendre politiquement ?

Toutes ces propositions ne peuvent être mises en place et portées que par une coalition politique

1. Voir le livre d'Éric Monnet, *La Banque-providence. Démocratiser les banques centrales et la monnaie*, Le Seuil, 2021.

majoritaire. Elles défendent les intérêts des plus pauvres et des classes moyennes, mais se heurtent hélas à ceux de « prédateurs », financièrement et politiquement puissants. Un programme purement économique ne se mettra pas en place spontanément. Quelques mesures fortes doivent être prises, qui pourraient bénéficier d'un consentement assez large de l'opinion, car elles sont faciles à expliquer et d'évidence utiles pour la sauvegarde de nos démocraties. En premier lieu, veiller au financement démocratique des médias et à leur régulation (y compris les réseaux sociaux) afin de réduire l'influence des milliardaires sur leurs contenus et les publicités qu'ils véhiculent. De même, les activités de lobbying doivent être strictement encadrées. Il faut par ailleurs limiter la constitution de castes de rentiers par la mise en place d'une fiscalité très progressive sur le patrimoine et la succession. Enfin, les services publics doivent être scrupuleusement sauvegardés et améliorés face à la pression des plus riches qui entendent les privatiser, sans quoi les classes moyennes se tourneront vers les discours populistes, derrière lesquels s'active une puissante ploutocratie.

Nous faisons face à un défi considérable car le pronostic vital de l'humanité est engagé. Si nous la prenons au sérieux, cette situation nous impose de revisiter entièrement notre vision et nos modes de pensée, notamment en matière économique. Il est en particulier vain de croire que le développement de solutions propres et sobres sera suffisant pour gagner la partie. Il faut s'attaquer avec détermination à la baisse rapide des activités polluantes. Mais ces activités sont contrôlées par des entreprises multinationales très puissantes dans tous les secteurs, qui ne sont prêtes à aucune concession et dont les dirigeants et les actionnaires n'entendent pas se priver des revenus qu'elles distribuent.

La puissance publique a un rôle clé à jouer dans ce contexte, elle doit urgemment s'engager, et de manière cohérente, sur un certain nombre de projets : planification écologique, information et formation, fiscalité et aides publiques, réglementation, investissements (notamment dans les infrastructures et les bâtiments publics)... Il ne suffit pas de mettre en place des politiques climatiques à côté des politiques publiques principales (budgétaires, monétaires, commerciales, industrielles, comptables...) Toutes ces politiques publiques doivent être mises à contribution, soit pour permettre et faciliter la nécessaire transformation de l'économie, soit au moins pour ne pas la freiner. Il s'agit de « climatiser les politiques publiques ».

CONCLUSION

Nous avons tous les trois connu les Trente Glorieuses. Après la Seconde Guerre mondiale, ces décennies ont été marquées par un développement rapide de la consommation de biens et de services, qui s'est poursuivi et depuis lors amplifié. Un développement en partie lié à l'augmentation de la population mondiale qui a presque quadruplé entre 1950 et 2025. Et un développement largement construit sur l'utilisation de combustibles fossiles à l'origine d'émissions de $CO_{2,}$ qui ont augmenté environ deux fois plus vite sur cette même période.

Dans nos sphères respectives, nous avons essayé d'alerter sur la réalité du réchauffement, son lien avec nos activités, ses conséquences désastreuses et l'urgence d'en prendre la mesure. Nous avons proposé ou porté des mesures de politique publique qui nous semblaient indispensables. Nous ne pouvons pas dire que nous ne savions pas, loin de là, pourtant nous avons, nous aussi, participé à ce développement et bénéficié de ses indéniables bienfaits. Collectivement, nos générations ont contribué à cette situation d'urgence climatique – plus largement environnementale – qui risque de faire des jeunes d'aujourd'hui « les orphelins de la Planète ».

Mais si nous sommes au bord du gouffre, ce sont les producteurs de combustibles fossiles (charbon, pétrole, gaz, et non conventionnels plus récemment) qui en sont les principaux responsables. Depuis les années 1970, eux aussi savaient. Parce qu'elles utilisent ces énergies, les industries vendant des produits tels que des voitures, des avions, de l'acier, du ciment, etc., ne sont pas en reste. Mais d'Exxon-Mobil aux autres majors pétrolières, des pays de l'OPEP aux producteurs de charbon, il y a toujours eu des manipulateurs de génie. Notre livre en témoigne mais ne parle pas de leur dernier tour de passe-passe : convaincre que le secteur des combustibles fossiles n'a été qu'un comparse entraîné par la force irrésistible de la demande. Ils insistent notamment sur les pays en développement, comme s'il leur était impossible de se tourner vers d'autres sources d'énergie, pour augmenter toujours davantage la production, alors que les conséquences désastreuses du réchauffement climatique deviennent, année après année, une évidence.

Alors, où sont les vrais responsables des malheurs associés à ce réchauffement ? La masse des consommateurs a certes joué un rôle. Chacun a eu sa part, distincte selon qu'il roule en SUV ou en Zoë, ou qu'il passe le week-end aux Caraïbes ou sur les Côtes-d'Armor. Mais que ces considérations ne laissent pas les vrais assassins nous abuser. Osons les pointer du doigt et les nommer.

Alors que nous faisons face à des vents contraires concernant cette double urgence, climatique et environnementale, nous restons convaincus de l'absolue nécessité de continuer à alerter. C'est un diagnostic sans appel que nous délivre le dernier rapport du GIEC : « Le changement climatique est une menace pour le bien-être de l'humanité et la santé de la planète. » Mais c'est aussi un message d'espoir, car limiter le réchauffement climatique, tout au moins revenir d'ici la fin du siècle en deçà de +2 °C, reste possible.

Vous, jeunes d'aujourd'hui, êtes doublement concernés. Par l'inaction d'abord, car, à moins de modifier radicalement et rapidement la trajectoire sur laquelle le secteur des combustibles fossiles veut par tous les moyens nous entraîner, vous ferez face dans la seconde partie de notre siècle à des conséquences dont celles que nous subissons déjà ne sont que les prémices. Il y aura des possibilités d'adaptation dans les pays qui en ont les moyens, mais on ne peut sans émotion penser à ces enfants qui souffrent déjà le martyre et qui vont naître dans des régions inhabitables, appauvries, dénaturées et de plus en plus conflictuelles.

Mais c'est par l'action que vous êtes avant tout concernés. Une mobilisation de vos générations à l'échelle planétaire sur les prochaines années et la prochaine décennie – celles de l'entrée dans la vie professionnelle pour ceux d'entre vous qui n'y sont pas déjà – sera la clé de votre avenir. Il vous faudra avoir le courage de proposer des changements de fond dans les modes de production, de consommation et de gouvernance. Et faire pression pour que cessent les agissements criminels que nous avons évoqués, et pour que s'accroisse la solidarité avec les pays pauvres. Votre mobilisation devrait permettre d'éviter le pire : que vous deveniez les orphelins de la Planète.

TABLE

Composition et mise en pages
Nord Compo à Villeneuve-d'Ascq

Cet ouvrage a été achevé d'imprimer sur Roto-Page
par l'Imprimerie Floch à Mayenne en avril 2025
pour le compte des éditions Grasset
61, rue des Saints-Pères, 75006 Paris.
info@grasset.fr.

Grasset s'engage pour
l'environnement en réduisant
l'empreinte carbone de ses livres.
Celle de cet exemplaire est de :
350 g éq. CO_2
Rendez-vous sur
www.grasset-durable.fr

N° d'édition : 23592 – N° d'impression : 106603
Dépôt légal : mai 2025
Imprimé en France